非物质文化遗产档案

中华老字号·崔字小磨香油传统技艺

China Time-honored Brand·Traditional Techniques of Cuizi Brand Small Grinding Sesame Oil

主编/ 孙冬宁
Editor-in-Chief Sun Dongning

文化艺术出版社
Culture and Art Publishing House

非物质文化遗产档案

中报国家级非物质文化遗产名录图像文本

Image and Text of Declaration for National Intangible Cultural Heritage List

文化艺术出版社
Culture and Art Publishing House

崔字小磨香油

Cuizi Brand Small Grinding Sesame Oil

传统技艺

Traditional Techniques

主编/孙冬宁

Editor-in-Chief Sun Dongning

文化藝術出版社

Culture and Art Publishing House

非物质文化遗产档案

崔字小磨香油传统技艺·山东省文化艺术科学2008重点课题项目

课题立项号 2008001-15

项目组负责人

崔瑞福

研究组负责人

孙冬宁

课题组组长

崔园园

课题组成员

崔信山　庞景升　陈秀君　郭　芹　崔晴晴　崔贺庆　于家干

田启寿　高志辰　苏　宏　石军良　孙　列　沈华菊　段新培

田野调查

山东非物质文化遗产研究中心田野考察队

口述实录调查小组成员

石军良　段新培　孙　列　李　成　李国经　刘晓倩　刘　磊　王　珍

The Intangible Cultural Heritage File

Traditional Techniques of Cuizi Brand Small Grinding Sesame Oil·Key Project of Culture and Arts Sciences in Shandong in 2008

Project No. 2008001-15

Person in Charge of the Project Team

Cui Ruifu

Person in Charge of the Research Group

Sun Dongning

Object Leader

Cui Yuanyuan

Members of the Research Group

Cui Xinshan, Pang Jingsheng,Chen Xiujun, Guo Qin, Cui Qingqing, Cui Heqing, Yu Jiagan

Tian Qishou, Gao Zhichen, Su Hong, Shi Junliang, Sun Lie, Shen Huaju, Duan Xinpei

Field Investigation

Field Investigation Team of Research Center of the Intangible Cultural Heritage in Shandong

Survey Members of Oral Record

Shi Junliang, Duan Xinpei, Sun Lie, Li Cheng, Li Guojing, Liu Xiaoqian, Liu Lei, Wang Zhen

非物质文化遗产档案

中华老字号·崔字小磨香油传统技艺

The Intangible Cultural Heritage File·China

Time-honored Brand·Traditional Techniques of Cuizi Brand Small Grinding Sesame Oil

非　物　质　文　化　遗　产　档　案

中华老字号·传统手工技艺

The Intangible Cultual Heritage File

China Time-honored Brand·Traditional Manual Techniques

目录 CONTENTS

前言

在历史的浩瀚长河中，中华民族创造了光辉灿烂、丰富多彩的文化遗产，既有物质形态的“有形”文化遗产，又有主要通过“口传心授”的方式传承下来、以非物质形态存在的非物质文化遗产，蕴涵着丰富的历史资源、文化资源、经济资源、教育资源、科学资源，是各民族传统文化的珍贵记忆，充分表现了中华民族在历史进程中逐步形成的优秀文化价值观念和审美理想，凝聚着中华民族的深层文化基因，体现了中华民族充沛的文化创造力，对于人类的生存与发展具有独特价值与深远意义。

在众多的中国非物质文化遗产种类和类型中，传统技艺成为其中的重要组成。“技”表达的是技能、是工巧，是改造改善自然之物的力量和技术。“艺”表达的是法则，是秩序，是心智，是塑造应用之物的智慧和美术。技艺把实用与艺术、把共性和个性有机地融为一体，它所遵循的工艺、材料、技巧、程序、塑造的器用，传承着人类宝贵的智慧、情感、规则和审美的种种感悟和成果，为我们展示了千姿百态的文化物品和文化品格，让我们体察到文化的丰富性和人类才智的无限性。千百年来，传统技艺形成了完整而发达的手工生产体系，涉及人类生产实践和生活需要的各个领域，形成了诸如印刷、酿造、榨取、烹饪、炮制、木作、雕琢、烧造、冶炼、纺织、印染、刺绣、编结等难以尽数的专门技艺、技巧和知识。国务院已公布的1028项非物质文化遗产项目中，传统技艺类项目有186项，在各省（区、市）公布的4155项非物质文化遗产项目中，传统技艺类项目占到720项。2009年2月，文化部还举办了中国非物质文化遗产传统技艺大展系列活动，传统技艺类非物质文化遗产保护与可持续发展进入了新的阶段，取得新的成就，为推动文化大发展大繁荣，满足人民群众的文化需求，促进社会主义和谐社会建设，发挥了重要作用。

与传统技艺异曲同工，“老字号”作为中华商业文化的精髓，凝聚了一代代中华儿女的心血和智慧，衍化成各地风土文化的象征和符号，成为一个区域乃至中华民族文化与情感的重要载体。以手工生产方式为基础的中国传统技艺，大多存在于各行业的“中华老字号”之中，一个或数个自主开发的传统技艺，成为支撑百年老店长盛不衰的关键。传统技艺以老字号为平台，老字号以传统技艺为支柱，共同发挥着记载历史、传承文明的重要作用，彰显着中华文明独特精神品格和民族气质，凝聚了中华造物技术思想和实践经验。老字号不仅掌握了行业内手工技艺的最高水平，还网罗了最具成就的手工技艺传承人，形成了世代相沿的产品、技艺和服务体系，为传统技艺营造了繁荣发展、因袭传承的家园，创造、继承和发展了优秀的民族文化。

在全球化、城市化和工业化进程中，我国的非物质文化遗产包括传统技艺，无时无刻不在受到严重冲击，其生存环境发生了急剧变化。许多非物质文化遗产受到掠夺性开发，一些传统技艺传承后继乏人。老字号现状也不容乐观，建国初期，老字号大约有8000家，现在仅存一千多家，且经营困难举步维艰。如何从传统技艺和老字号入手，找到两者互相促进和推动的契合点，创新传统技艺保护和老字号振兴的有效举措，成为许多人的思考和探索方向。我们欣喜地看到，山东在这方面做出了许多值得肯定的成就。

近年来，山东省各级政府、企业、研究机构，正在对省级非物质文化遗产中“老字号”的传统手工技艺采取积极的保护措施。成立了山东非物质文化遗产研究中心，创建了山东省老字号文化遗产研究专业委员会，建设了一批非物质文化遗产研究基地，将“老字号文化遗产研究”列入山东省文化艺术科学重点立项项目，出版了《非物质文化遗产档案·中华老字号·传统手工技艺》系列著作，组织了一批专业化、职业化、专家化的非物质文化遗产保护和研究队伍。尤其是山东非物质文化遗产研究中心的一批青年学者始终关注老字号非物质文化遗产的挖掘保护和利用，默默从事“老字号文化遗产”传统技艺的研究和保护工作。他们不为书斋所困，活跃于非物质文化遗产第一线，通过艰苦的田野考察活动，利用现代设计理念和传媒手段，取得了大量宝贵的一手资料，与老字号单位一起，为传统技艺的保存、保护、传播和发展做了大量基础性和创新性的工作，并与非物质文化遗产申报和保护结合在一起，为老字号单位继往开来、持续发展发现了新的增长点，开创了融传统技艺和老字号于一体的非遗保护开发这一山东模式，对推动老字号单位经营发展和文化建设做出了应有努力。

《非物质文化遗产档案·中华老字号·传统手工技艺》系列图书基于山东省文化艺术科学重点课题，从传统手工技艺、代表传承人、民俗文化等方面的田野考察为基本线索，对老字号单位中的传统技艺进行了系统的挖掘整理，采用大量图表、照片与影像资料，翔实介绍了山东省级非物质文化遗产中“老字号”类传统手工技艺项目的悠久历史和发展现状，展示了与当地经济发展、文化传统的紧密关系，以及在老百姓日常生活中的意义与作用，表现出传统技艺独特的历史、文化、精神、科学、教育和审美价值，是保护、发展传统技艺和老字号单位的创新性举措和历史性贡献。

本图书系列的编辑出版不仅对于保护老字号文化遗产的传统手工技艺提供了一个个有说服力的个案分析，还启发我们对于今天仍然作为生产、生活方式存在而不可分离的非物质文化遗产，应采取多种手段加以积极的生态型和生产性传承保护，为传统技艺乃至其他类型非物质文化遗产的保护与发展营造良好环境，形成富有活力、独具特色的工作体系和工作方式。从这个意义上讲，本图书系列更有其启示、借鉴和示范作用。

愿更多有识之士以传承和保护非物质文化遗产为己任，热情参与到非物质文化遗产保护工作队伍中来，为我国非物质文化遗产保护事业作出更多更大的贡献。

中华人民共和国文化部非物质文化遗产司　副司长　马盛德

2009年10月29日

前言

PREFACE

In the vast river of the history, Chinese Nation created a brilliant, rich and colorful cultural heritage. There are both material shape of the "tangible" cultural heritage, and non-material form of existence of Non-material cultural heritage which mainly handed down through "Teach and learn by mouth and heart " method. These non-material cultural heritages containing rich historical resources, cultural resources, economical resources, educational resources, scientific resources, are precious memories of the national traditional culture, fully demonstrated the Chinese nation in the historical process of the gradual formation of the outstanding cultural values and aesthetic ideals, embody the Chinese nation's deep cultural genes, reflect the Chinese people with plenty of cultural creativities. Have unique value and far-reaching significance for human survival and development.

Among lots of categories and types of China's intangible cultural heritages, the traditional arts become one of the important component. "Technical" expresses skills, it is the strength and techniques of transforming and improving the natural compounds. "Art" expresses the laws, is mental, is the wisdom of shaping the application objects. Techniques organically integrated the practical and artistic, the general character and individuality into one. The use of technologies, materials, techniques, procedures and shaping which it followed inherited all kinds of insights and results of valuable human wisdom, emotions, rules and aesthetic, showed us different attitudes of cultural goods and cultural character, let us understand the richness of culture and the infinite nature of human intelligence. For thousands of years, traditional techniques formed a complete and well-developed manual production systems, related production practices and daily life of human needs in various fields, formed countless specialized techniques, skills and knowledge such as printing, brewing, squeezing, cooking, concocting, carpentry, carving, firing, smelting, textile, printing and dyeing, embroidery, knitting and so on. Among the 1028 non-material cultural heritage projects announced by the State Council, there are 186 projects are Traditional Techniques. Among 4155 non-material cultural heritage projects published by provinces (autonomous regions and municipalities), the traditional arts categories of projects accounted for 720. In February 2009, China Ministry of Culture has held a series of activities of traditional art exhibition of China's intangible cultural heritage. Non-material cultural heritage protection and sustainable development has entered a new phase, new achievements. It has played an important role to promote cultural development great prosperity, to meet the cultural needs of the people, and promote the building of a harmonious socialist society.

Similar to the traditional techniques, as the essence of the Chinese business culture, "time-honored brand" embodies efforts and wisdom of the generations of Chinese descendants, evolved into a symbol and symbols of the customs and culture, and becoming an important carrier of culture and emotion in a region and even the Chinese nation. Based on manual production mode, traditional Chinese Techniques, most exist in various sectors of the "China time-honored". One or several self-developed traditional techniques and art has become the key to enduring support of century-old store. Time-honored brand as a platform of traditional techniques, traditional techniques as a pillar of the time-honored brand. They both play an important role of recording history and spreading civilization, highlighting the unique spiritual character of Chinese culture and national temperament, agglomerating the Chinese thought of creation techniques and practical experience. Time-honored brand not only mastered the industry's highest level of manual skill, but also gathers the most accomplished Inheritances. They formed products, skills and service system from generation to generation, create homes of prosperity and development for the traditional skills, create, inherit and develop the excellent national culture.

During the process of globalization, urbanization and industrialization, China's intangible cultural heritage, including traditional techniques, at all times, facing a serious impact, their living environment has undergone dramatic changes. Many non-material cultural heritages were overexploited, some of the traditional techniques heritages are lack of inheritance. Status quo of time-honored brand can not be optimistic, either. On the early days, there were about 8000 brands, but now, there are only about 1000 remaining, and also under a difficult operating condition. How can we start from traditional techniques and time-honored brand, to find the meeting point of promote and facilitate of the two factors, to innovate traditional techniques protection and effectively revitalize the time-honored brand, now become many people's exploration direction. We are pleased to see that, Shandong has made a number of commendable achievements.

In recent years, all levels of government of Shandong Province, enterprises, research institutions, are taking positive measures to protect the traditional techniques of "time-honored brand" in provincial-level intangible cultural heritage. Establishing the Intangible Cultural Heritage Research Center of Shandong Province, Shandong "Time-honored Brand" Cultural Heritage Studies Committee. And building a batch of intangible cultural heritage research base. Included "time-honored cultural heritage research" in the key project of science projects of culture and arts in Shandong Province. Published series of books on "Non-material Cultural Heritage Archives--China Time-honored Brand •Traditional Manual Techniques". Organized a group of professional, career-oriented, expert-oriented non-material cultural heritage protection and research teams. Especially a group of young scholars of the Intangible Cultural Heritage Research Center of Shandong Province has always been concerned about the mining protection and use of the intangible cultural heritage of Time-honored Brand companies. quiet and engaged in research and protection work of "Time-honored Brand cultural heritage". They are not trapped in books, working actively in the first line of the intangible cultural heritage, through the arduous field trips, use of modern design concepts and media, and gained valuable first-hand information. Together with the "Time-honored Brand" enterprises, done a lot of basic and innovative work for the preservation, protection, dissemination and development of traditional techniques, and with the declaration and protection of intangible cultural heritage, combining the old and famous enterprises carried forward the sustainable development of the discovery of new growth points, creating a financial skills and "Time-honored Brand" tradition development in one of the non-legacy mode of protection and development of Shandong, to promote the "Time-honored Brand" business development and cultural development and make its due efforts.

The book series of "Non-material Cultural Heritage Archives- China Time-honored Brand • Traditional Manual Techniques" are based on the scientific focus of Arts and Culture Issues in Shandong Province. Use the traditional manual techniques, representative inheritances, folk customs and cultural aspects of the field trips as the basic clue to Traditional techniques of the "Time-honored Brand" enterprise for a systematic excavation of finishing, using a large number of charts, photographs and video data, and detailed description of the Shandong provincial-level intangible cultural heritage of "Time-honored Brand" category of traditional manual-craft the project's long history and development of the status quo, demonstrating with the local economic development and cultural tradition of close ties, as well as the people the meaning and role of everyday life, showing traditional skills unique historical, cultural, spiritual, scientific, educational and aesthetic value, is to protect and develop the traditional techniques and "Time-honored Brand" companies and innovative initiatives and historical contributions.

The purpose of editing and publishing this book series, not only for the protection of cultural heritage, traditional manual techniques which have provided a convincing case study, but also inspired us when facing intangible cultural heritage that are still existed as productivity, way of life is not separable, should be adopt various means to be an active and productive eco-heritage protection for the traditional techniques as well as other types of non-material cultural heritage protection and development to create a good environment for the formation of a dynamic, unique work system and work style. In this sense, the book series have their inspiration, drawing, and exemplary role.

In order to pass responsibility and the protection of intangible cultural heritage, we hope more insight people of passion participate in the protection of intangible cultural heritage ranks for the cause of protecting China's intangible cultural heritage to make more and greater contributions.

Ma Shengde

Deputy Director-General of the Department of the Intangible Cultural Heritage,

Ministry of Culture of the People's Republic of China

29th Oct,2009

总序

General Preface

谈非遗语境下的“老字号文化遗产”生态保护

谈非遗语境下的“老字号文化遗产”生态保护

“非遗”保护的机遇与挑战

中国的非物质文化遗产是中华文明的重要组成部分，保护好非物质文化遗产，是历史赋予我们的责任。当前我国社会正处于全面建设小康社会的重要战略机遇期，保护非物质文化遗产，对于增强民族自信心、自豪感，增强民族认同感、归属感，促进经济、社会、文化的全面协调发展，构建社会主义和谐社会，都将起到积极的促进作用。

近年来，我国非物质文化遗产保护作为国策得到国家的重视，建立了系统的非物质文化遗产保护机制和运作程序，一批非物质文化遗产项目和传承人已经或正在被挖掘保护，非物质文化遗产项目的开发与创新总体向好，许多非物质文化遗产保护和研究组织和专业化、专家化人才队伍日益壮大，民间非物质文化遗产保护意识和氛围日渐浓厚，群众化基础不断稳固。保护工作正成为国家发展战略的重要组成部分，与构建和谐社会相适应，从被动保护向主动保护，从单一保护向全面保护，从静态保护向“活态”整体性保护转变，非物质文化遗产保护与开发利用呈现一派新的气象，焕发出勃勃生机，进入一个全新的发展机遇期。但从另一方面也应看到，受历史上种种时间和空间条件限制以及现代文明的冲击，我国历史上许多曾经鲜活的非物质文化形态变得了无生机，成了“病树”，而恰恰是这些“病树”，曾经、正在并将继续见证中华文化的沧桑与博大，这使我国非物质文化遗产保护工作面临严峻的形势和挑战：非物质文化遗产生存的文化生态环境急剧改变，资源流失状况严重，一些传统技艺面临灭绝；非物质文化遗产还没有得到依法保护，法律法规建设有待加快步伐；非物质文化遗产保护意识有待提高；保护机制有待进一步完善。

“非遗”保护的文化语境

从中国传统文化层面看，中华民族非物质文化是先民们博大智慧的结晶，尽管它主要产生于民间，但与其他物质或精神文化遗产一样，与中国传统文化密不可分。研究中国非物质文化，一个绕不过去的课题便是它与中国传统文化的渊源。传统文化基因已经深深根植于中国人的文化血液中，即便春秋以前的非物质文化也与传统文化同质。因此，任何对中国非物质文化的研究必须置身于中国传统文化语境中。

从文化交流层面看，任何一种文化在与自身之外的文化交流的过程中，往往呈现为通约性与不可通约性并行的状态。换言之，世界上所有文化以丰富多彩的形式共同构成世界文化，同时均保持着自身文化的独立性，有着自身鲜明的文化个性与文化语境，非物质文化亦然。随着我国综合国力的提升，近几年“国学”复苏，中国传统文化以活跃的姿态挺进全球。民族复兴的脚步，也响彻在话语权的“抢夺战”中。事实证明，我们要推进的不仅仅是形而上的儒释道，包括非物质文化在内的中国传统文化在世界范围内的传播，通常需要具体的文化形态作为载体。我们来列举两个耳熟能详的例子，如功夫和中医。功夫和中医在西方的传播盛行，背后彰显的就是中国传统文化。

从传承创新层面看，中国非物质文化博大精深，活力充沛。我们不能仅仅局限于对非物质文化的保护，保护也是为了传承。我们对非物质文化的保护必须与本土化现代艺术设计、本土文化产业等结合起来。在对非物质文化的吸收、扬弃与变革中加以继承。那种把非物质文化放到“静态保护”状态，使其充当所谓文明进程活化石的想法是幼稚的。因为，我们必须正视的一个事实就是：现代化已经无孔不入。非物质文化区域内的个体（主要指非物质文化传承者）也有享受现代化成果的愿望和权利。在文化产业或创意产业中，我们应当在立足于自身的民族文化的基础上，锐意创新，根据时代特征，将本土非物质文化放到动态创新层面，置于活态发展空间，使非物质文化遗产的继承与发展充满生机与活力。

老字号的“非遗”特质

“老字号”作为特指的经济文化现象，成为历代经济文化繁荣的标志，它以斋、坊、铺、堂的形式成为有形的物质文化遗产，但也以特有的经营理念、手工技艺和服务策略成为无形的非物质文化遗产，“老字号”品牌是其所属的非物质文化遗产最集中的物质化体现，具有深远的历史渊源和厚重的文化底蕴。“老字号”所属的传统手工技艺与中国传统文化的基本理念、价值取向、功能结构以及品质形态紧密相连，与人类日常生活欲求心理及社会文明教化密切相关，比较典型地体现了中华传统文化的内涵和特征。甚至可以说，它既是中华文化理念的表现形式，又是中华文化精神生生不息的传播媒介。传统手工技艺总是与地域文化紧密联系，显示出各个地区各个时期的特色物产、乡土风气、人情习性、行为劳作等各个方面的特征，是中国民间文化的物化形态，其所包含的饮食思想、制作工艺、传播习俗暗合科学，是中国传统文化中的精粹，其所传递和继承的深刻的人文精神、达观的人生态度和纯厚的乡土风俗，有其独特的文化价值，体现了中华民族的独创精神，展示出珍贵的历史价值、科学价值、人文价值、民俗价值、经济价值及社会价值，承载着丰富的历史、文化和民俗信息，成为宝贵的非物质文化遗产。

按照胡锦涛同志“要拥有我们自己的核心技术，要拥有我们民族的世界品牌”的要求，在抢救、保护、传承、发展的基础上，应倍加珍惜“老字号”的品牌价值，努力寻求传统特色与现代元素的融合点，创新老字号品牌，在保护传承原有独特技艺的基础上积极应用现代科技和传播方式，在开拓创新中展示浓郁地方特色，传承独具匠心的传统技艺和服务，将凝聚世代先辈的心血和智慧、体现诚信经营的商业文化精髓发扬光大，为弘扬中华文明和和谐社会建设服务。

融合传统技艺与老字号的“非遗”保护模式

山东有着古老的文化积淀和丰富的文化传承，在民间留存有大量鲜活的、源自劳动人民的传统手工技艺。历代老百姓以其智慧、热情和技巧，创造了源远流长、千姿百态、人情浓厚的民间各种门类传统手工技艺。作为非物质文化遗产重要组成部分的传统手工技艺业——山东境内的东阿镇福牌阿胶、东阿阿胶、周村烧饼、王村醋、潍坊红木嵌银漆器、龙口粉丝、崔字香油、德州扒鸡、济宁玉堂酱园、兰陵美酒、景芝酒、古贝春酒、即墨老酒、鲁菜、石蛤蟆水饺、鲁东铜响乐器、乾隆杯酒等等老字号类传统手工技艺的生产性保护，无疑为中国非物质文化遗产保护与传承提供了一种新颖的视角，而在这种生产性保护中，保护和研究者对于历史文化的挖掘工作又是令人感动的。换言之，对于上述非物质文化的传承与保护是置身于中国文化和现代化语境之内的。我们应当从中国传统文化内涵、审美、文化心理以及置身于中国文化语境之内的非物质文化社会学、产业经济学角度探讨中国非物质文化的传承。所以，从老字号入手挖掘和开发传统手工技艺，积极开展非物质文化遗产保护和研究工作，不失为一种可资商榷的新思路。

通过对山东非物质文化遗产的田野调查发现，山东的民间文学、美术、音乐、戏曲、曲艺、舞蹈等非物质文化遗产的研究已经做得非常翔实。但由于各种原因，目前可见的文献中，对山东传统手工技艺的学术研究尚不充分，成形的科研考察资料就更少，甚至图像资料的收集都不甚完整，且分散于各地方的文化研究机构。由于全球化背景下的中华文明正处于转型期，非物质文化遗产的教育传承在各地方大学教育和研究的发展刚刚起步，因此，注重发挥非物质文化遗产所在区域的研究机构和人员作用，对本地非物质文化遗产资源进行全面的普查、收集、记录和研究，对传统手工技艺以及与之相关的民俗文化进行系统的考察与整理，更具有历史与现实意义。

山东非物质文化遗产研究中心集中力量开展的老字号文化遗产研究，并编撰出版《非物质文化遗产档案·中华老字号·传统手工技艺》系列图书，就是在这一背景下的探索和努力。希望通过这一工作，为传统技艺和老字号的保护和发展聊尽绵薄之力，为后人留下“非遗”保护工作的档案袋和资料夹。果能如此，则幸甚至哉。

《非物质文化遗产档案·中华老字号·传统手工技艺》编委会

2009年10月1日 国庆节

A discussion on "Time-honored Brand Cultural Heritage" ecological protection under Intangible Heritage background

Challenges and opportunities of protecting Intangible Heritage

Intangible Heritage is an important component of Chinese civilization, so it is our responsibility to protect Intangible Heritage. At present, China is in a critical strategic phase toward to building well-off society on all-around way, therefore, protecting Intangible Heritage will enhance the national confidence and pride, improve the national identification and sense of belonging, drive all-around harmonious development of the economy, society and culture, and build harmonious society of socialism actively.

In recent years, as part of a national policy, our country's Intangible Heritage protection effort has attracted high degree attention by the government, and systematic procedures and systems on protecting Intangible Heritage has been established. A series of Intangible Heritage projects and inheritors have been and are being protected. The overall trend of the development and innovation of Intangible Heritage is well on track and many Intangible Heritage protecting and study organizations as well as specialized talents has emerged and boomed. Intangible Heritage protection has been rooted deeply among the whole society. So the protection of Intangible Heritage has become an important part of our country's development strategy. In line with the effort to build a harmonious society, the protection work has turned from passive to active, from partial to whole, from static to dynamic, and the Intangible Heritage protection work has taken on a new look with energetic life and has come to a new development era with numerous opportunities. On the other hand, however, we should also notice that, due to various time and spacial restrictions as well as the impact of modern civilizations, some Intangible Heritage that once full of life in the past now turns lifeless, making people think they are just like ill trees, and it's just these ill trees that were, are and will testify the broad and deeply-rooted Chinese culture.

Now, the protection effort of Intangible Heritage in China is facing with severe situation: first, cultural environment for the survival of Intangible Heritage changes dramatically, resources are lost seriously, and some traditional workmanships are facing the fact of die-out; And, second, Intangible Heritage has not been protected by laws, so the establishment of law and regulation system has to be accelerated ; third, the awareness for protecting Intangible Heritage needs to be enhanced; and fourth, the protection system should be improved.

The culture background of Intangible Heritage protection

From the perspective of Chinese traditional culture, Chinese Intangible Heritage is the result of broad wisdom of our ancestors. Though they come from the public, they are closely related with Chinese traditional culture, like other material or mental cultural heritage. An unavoidable topic for studying Chinese Intangible Heritage is the relationship with Chinese traditional culture. Traditional culture gene has been rooted deeply in cultural blood of Chinese, even Intangible Heritage before the Spring and Autumn Period is consubstantial with traditional culture. Hence, any study on Chinese Intangible Heritage must be rooted in Chinese traditional culture context.

From the perspective of cultural exchange, the commensurability and incommensurability are usually coexisting during the exchange of any culture with foreign one. In other words, all cultures in the world form the universal culture in various ways, and each maintain its own independence with unique cultural feature and context, so does Intangible Heritage. With the enhancement of comprehensive national power of China and the renaissance of Chinese Culture in recent years, Chinese traditional culture is being popular in the world. The step of national renaissance is also trending in the battle for the speech right. The fact shows that we should not only promote metaphysical Ru-Shi-Dao, the promulgation of Chinese traditional culture including Intangible Heritage usually requires concrete cultural form as the barrier. For example, the popularity of Chinese Kungfu and Traditional Chinese Medicine in west countries demonstrates the power of Chinese traditional culture.

From the perspective of the heritance and innovation, Chinese Intangible Heritage is deeply rooted and dynamic. We should not only limit the protection of Intangible Heritage, but also pass down it. The protection of Intangible Heritage must be correlated with local modern art design and local culture industry. We should inherit Intangible Heritage while absorbing, developing, discarding and changing it. It is unwise to place Intangible Heritage in "static" state and make it the living fossil of the civilization process. One fact that we must envisage is: the modernization is ubiquitous. Individuals in Intangible Heritage area (mainly the inheritor of Intangible Heritage) have the willing and right of enjoying modern culture results. In the culture industry or creative industry, we should innovate local Intangible Heritage dynamically according to the characteristics of our times on basis of our national culture in order to give it a dynamic development environment, making the inheritance and development of Intangible Heritage full of life.

The unique attributes of Time-Honored Brand as Intangible Heritage

As specific economic and cultural phenomena, "Time-honored Brands" become the symbol of economic and cultural prosperity in the history. They are tangible cultural heritage in the form of Room, Workshop, Store and Hall, but they are also intangible Intangible Heritage with unique business concept, handcraft and service strategy. "Time-honored Brands" is the most collective material reflection of Intangible Heritage, and carries profound history and rich cultural significance. Traditional handcraft of "Time-honored Brand" is closely related to basic concept, value proposition, functional structure and quality of Chinese traditional culture, and to desire mentality of daily life and social civilization, and typically represents the significance and characteristics of Chinese traditional culture. In fact, it is the expression form of Chinese culture concept, and is the promulgation medium of Chinese cultural spirit. Traditional handcraft is usually related to regional culture to reflect unique product, native climate, human relationship and behavior of each region in each period. It is the material state of Chinese folk culture. The food concept, production technique and promulgation habit contained in it accords with scientific idea, and reflects the essence of Chinese traditional culture. The profound human spirit, optimistic attitude and pure native habit it transmits and passes down have unique cultural value, and reflect creative spirit of Chinese nation. It has precious historical, scientific, cultural, folk custom, economical and social value and carries abundant historical, cultural and folk custom information as precious Intangible Heritages.

As called on by Hu Jintao, "We should have our own core technology, and we should have world brand of our nation", we should value the value of "Time-honored Brands" while saving, protecting, passing down and developing them, seek for the convergence point between traditional features and modern elements, innovate these time-honored brands, utilize modern technology and promulgation mode on basis of protecting and passing down original unique techniques, demonstrate rich local features during the innovation, pass down unique traditional technique and service, and carry forward the business culture essence which concentrates the painstaking effort and wisdom of ancestor and reflects honest business approach, so as to make a contribution to promoting Chinese civilization and building harmonious society.

The Intangible Heritage protection method of combining traditional handicraft with Time-honored brand

Shandong is a province with ancient cultural deposition and rich cultural heritages, and there are a large number of living traditional handcraft techniques here. With their wisdom, passion and technique, people here create various long-established and rich traditional handcraft techniques. As an important part of Intangible Heritage, the protection of traditional handcraft industry – Dong'e Town Fu Brand Donkey-hide Gelatin, Dong'e Donkey-hide Gelatin, Zhoucun Griddle Cake, Wangcun Vinegar, Weifang Redwood Silver-inlaying Lacquer, Longkou Vermicelli, Cui Brand Balsam, Dezhou Braised Chicken, Jining Yutang Sauce, Lanling Wine, Jingzhi Wine, Gubeichun Wine, Jimo Old Wine, Shandng Dishes, Shihama Dumpling, Brass Instrument in East Shandong, Qianlongbei Wine, etc. provides a new angle of view for the protection and inheritance of Chinese Intangible Heritage. In such productive protection process, we are deeply impressed with the history and culture discovery effort made by the protectors and researchers. In other words, the inheritance and protection of above Intangible Heritages are performed in Chinese culture and modern context. Therefore, we should discuss the inheritance of Chinese Intangible Heritage from the perspective of Chinese traditional culture significance, aesthetics, cultural psychology, as well as sociology and industry economics of Intangible Heritage in Chinese culture context. So, you can see, it's a feasible and new way to carry out Intangible Heritage protection and research work by exploring and developing traditional handicraft based on the Time-honored brands.

The field survey on Shandong Intangible Heritage finds that many predecessors have studied these heritages in Shandong like folk fine arts, music, drama, traditional art, etc. However, academic study on Shandong traditional handcraft is not sufficient in available documents, even the picture materials are not collected completely, and they are dispersed in local culture research organizations. At present, Chinese civilization is in a transition period under the globalization environment, the education and study on Intangible Heritage is just beginning in local universities and research institutions. Therefore, it will be historically and realistically significant for regional research center where cultural heritage is located to survey, collect, record and research local Intangible Heritage, and to review and organize traditional handcraft and the related folk culture systematically.

It's under this background that Shandong Intangible Heritage Research Center put great efforts on the cultural heritage research of time-honored brands and compile and publish the series of books Archive on Intangible Heritage – Chinese time-honored brands – traditional handicrafts. We hope our work will make some contribution to the protection and development of Chinese traditional handicraft and Chinese time-honored brands and leave valuable information on protection of Intangible Heritages for our posterity.

The editorial board on Archive on Intangible Heritage – Chinese time-honored brands

Traditional handicrafts

1st Oct,2009

绪论

一、研究背景

（一）地理环境

潍坊，是风筝的故乡，被誉为世界风筝之都，为中国优秀旅游城市之一。她位于山东半岛中部，地处北纬35°41′至37°26′、东经118°10′至102°01′，南依泰沂山脉，北濒渤海莱州湾，东与海港城市青岛、烟台相接，西与石油城市东营和齐国故都淄博为邻，距省会济南直线距离183公里，全市总面积15859.3平方公里，人口850万，辖潍城、奎文、寒亭、坊子四区，青州、寿光、安丘、诸城、昌邑、高密六市与临朐、昌乐两县。

潍坊市域地貌自北向南，由低到高，形成几个台阶，大体上分为潍北滨海低地区、潍中洪积、冲击平原区、潍南低山丘陵区，其中心城区所在的冲击平原区，地势由南往北倾斜，海拔7至100米，面积6551平方公里，占全市总面积的37.4%。潍坊市地表水系主要有潍河、弥河、白浪河、南胶莱河、北胶莱河及淄河，其他数百条河流及溪流，均系上述六条河的支流。其气候类型属北温带季风区，背陆面海，气候特征为冬冷夏热，四季分明，年平均气温12.3℃，年平均降水655.8毫米，降水多集中在夏季各月，夏季平均降水量为416.6毫米。主要矿产资源有金、银、铜、铁、铅、锌、膨润土、沸石、珍珠岩、石油、蓝宝石、石灰岩、天然气等，其中工艺美术原料矿产除蓝宝石外，尚有玉石、红花石、墨翠玉、红丝观石、水晶等。此外，还有丰富的近海资源和滩涂资源，其中海滨地带地下卤水藏量丰富，盐田总面积达34.77万亩。农业生产环境优越，是山东省粮食、经济作物、温带水果的重点产区。工业门类齐全，主要有机械、化工、纺织、轻工、冶金、煤炭、电子、建材、烟草、丝绸、医药、盐业、电业、黄金、工艺美术等16个行业。

中华老字号

崔字小磨香油传统技艺·研究背景

中华老字号

崔字小磨香油传统技艺 · 研究背景

①《潍县志》中的星迹分野图
②潍坊鸟瞰图
③潍坊国际风筝节
④大于河
⑤潍坊农作物——小麦
⑥具有地方特色的布老虎
⑦潍坊高密扑灰年画
⑧老艺人在扎制风筝
⑨潍坊仿古青铜器

（二）历史沿革

崔字小磨香油发源地崔家庄在旧潍县境内，今属潍坊市潍城区，在此仅考察潍城区的历史沿革。

潍坊因旧潍县城得名。夏为三寿古国。西汉为平寿县地，属北海郡，东汉属北海国。北齐废平寿，并入下密县，县治由境外迁来原平寿县治。隋开皇十六年(596)于下密县置潍州。大业三年(607)州废，改下密县为北海县，属北海郡。唐武德二年(619)复于北海县置潍州，八年州废，北海县属青州。北宋建隆三年(962)于北海县建北海军，乾德三年(965)改为潍州，政和元年，改为北海郡，金、元均为潍州治。明洪武九年(1376)改为潍县，为潍县治，属莱州府。明清时期潍县领九隅五乡八十四社，其中有务本乡永平社，崔家庄属之。清宣统二年（1910），潍县划为十六区，崔家庄属道口区永平社。

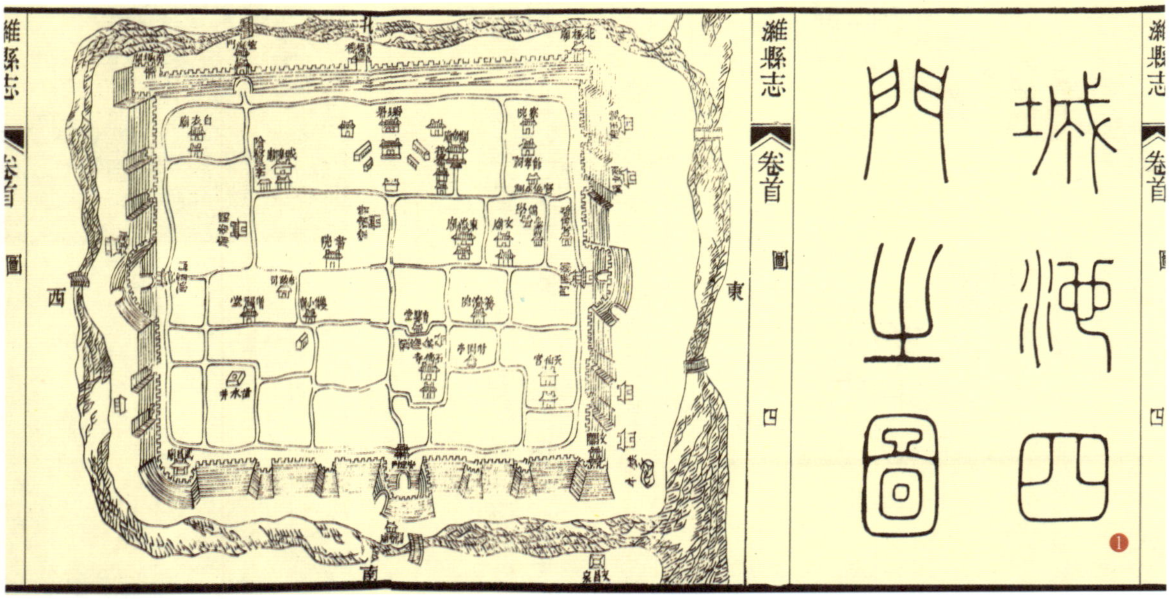

1913年属胶东道。1924年属莱胶道。1927年废道制，直隶于省。1928年至1930年将清末潍县的16个区划为10个区，今潍城区为第一、二、三区大部和第十区一部，崔家庄属第三区永平社。1938年潍县属山东省第八行政督察区。

1942年12月，中共将潍县北部第四、五两区与寿光县第九、十两区合并建立寿潍县(1943年9月始建寿潍县抗日民主政府)后，潍县其余八个区改为潍南县(未建县政府)，今潍城区为潍南县一部分。

1945年10月，潍南县政府成立，属胶东行政区西海专区。1948年4月潍县城解放，于潍城、坊子及二者之间的毗连地区设立潍坊特别市，直隶于中共中央华东局(华东局时驻益都县)。同年7月昌潍专区成立，潍县属之。下设于河区，崔家庄属之。1949年6月3日潍坊特别市改名潍坊市，直辖于山东省。

1950年5月撤销潍坊市，并入潍县。同年11月恢复原潍坊市，属昌潍专区。1958年12月撤销潍县，并入潍坊市，隶属不变。是年11月，成立潍县于河人民公社，崔家庄称于河人民公社崔家大队，下设八个生产队。1961年10月复置潍县。1967年昌潍专区改为昌潍地区，1981年5月改为潍坊地区，潍坊市与潍县均属之。

1983年8月撤销潍坊地区，设置地级潍坊市；同时撤销潍县，并入潍坊市。同年10月，将原潍坊市和原潍县辖区划为三个区，其中将原潍坊市的城关、东关、南关三个办事处，东郊、西郊、二十里堡、红星四处人民公社和原潍县的望留、符山、杏埠、于河四处公社划为潍城区。1984年，于河人民公社改为于河乡，崔家大队改称崔家村，仍属之。

1992年7月2日，撤销大虞乡、梨园乡、于河乡，分别设立大虞镇、梨园镇、于河镇；撤销河西乡，设立北关镇。崔家村属于河镇管辖。

1993年9月9日，撤销军埠口乡，设立军埠口镇；撤销杏埠乡，设立杏埠镇。

1994年6月21日，撤销潍城区大虞镇、梨园镇、廿里堡镇、北关镇，分别以原镇的行政区域设立大虞、梨园、廿里堡、北关4个街道办事处(注：前3个街道属于新设立的奎文区)。

1994年5月23日，将潍城区白浪河以东的东关、东园、院校、新城4个街道办事处，大虞、廿里堡、梨园3个镇和军埠口镇的刘家沙窝、李家沙窝、南家、郭家、吕家、高家涧头院、武家涧头院7个村划归新设立的奎文区。调整区划后的潍城区位于潍坊市中部，胶济铁路两侧。东隔白浪河，与奎文区、坊子区为邻，西北与寿光市、西南与昌乐县毗连，北与寒亭区接壤。面积319平方公里。人口37万。辖城关、南关、西关、北宫4个街道办事处，大柳村、望留、符山、军埠口、于河、杏埠6镇。

2006年，潍城区辖4个街道、4个镇：城关街道、南关街道、西关街道、北关街道、军埠口镇、符山镇、于河镇、望留镇。

2007年，撤销军埠口镇、符山镇、于河镇、望留镇，设立望留街道、于河街道。望留街道由原军埠口镇辖区、原符山镇的28个村、原望留镇辖区(2个村除外)组成，于河街道由原于河镇辖区、原符山镇的15个村组成。同时，将原望留镇的2个村划归南关街道，将西关街道的友爱社区划归北关街道。崔家村属于河街道办事处管辖。

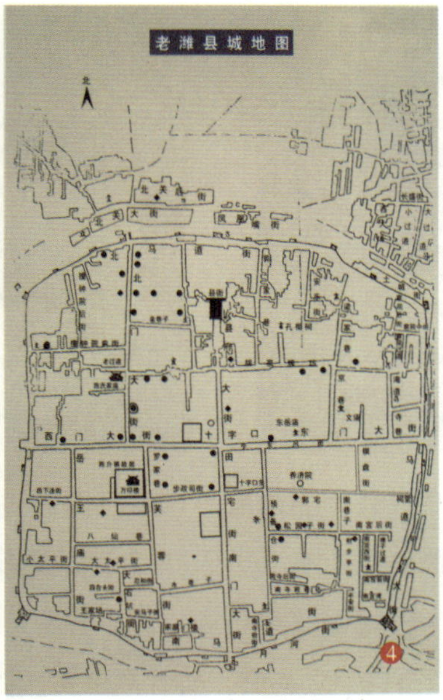

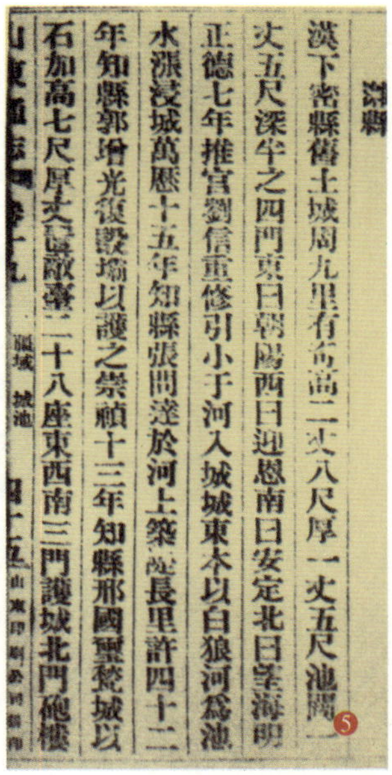

濰縣

漢下密縣舊土城周九里有奇高二丈八尺厚一丈五尺池闊二丈五尺深半之四門東曰朝陽西曰迎恩南曰安定北曰望海明正德七年推官劉信重修引小于河入城城東本以白狼河爲池水漲浸城萬歷十五年知縣張問達於河上築隄長里許四十二年知縣郭增光復甃塴以護之崇禎十三年知縣邢國璽甃城以石加高七尺厚[illegible]敵臺二十八座東西南三門護城北門砲樓

山東通志卷二十九 疆域 城池 山東印刷公司鉛印

①《潍县志》中的城池四门图

②潍县老城墙

③潍县土炮与火铳射击口

④20世纪30年代潍县地图

⑤《山东通志》关于潍县的记载

⑥1934年潍城朝阳桥及朝阳门城楼一带

⑦潍县县衙

⑧1929年的刘氏祠堂牌坊

（三）经济环境

潍县一带，历史悠久，源远流长，早在七千年前，先民们就在这里聚居生活。明清时期潍县就已成为鲁中地区重要的经济中心。它具有周围十几个县的广阔腹地，面积达两万多平方公里。这一区域内，人口密集，土地肥沃，宜农宜桑。潍县居其中心位置，作为方圆数百里之内最大的商品集散地和手工业中心，堪称富庶。早在清乾隆年间，便有“南苏州、北潍县”之称。据1933年形成的《胶济铁路经济调查报告·潍县》中记载：

> ……地当冲要，胶济、烟潍、台潍各路，纵横境内，交通便利。工商两业，自古称盛。自胶济通车后，尤有长足进步。商业控制之领域日广，生产有工业化之趋势。县城为经济中心，为青岛济南间最大之市场，在本省各县中，工商各业，实无出其右者。

潍县地处胶济铁路沿线，位于青岛、济南之间，又是烟潍公路的终点。从潍县可以西到济南与津浦路相通，东至烟台、青岛，接连南北航运。烟台各地物资西运，必经潍县，潍县的物资可以径直运往济南、青岛各地，潍县与寿光、安丘、诸城等邻县有公路相通。因为交通方便，潍县成为商品交换和转运的中心。1902年4月胶济铁路修至潍县，到年底仅七个月的时间，从青岛运至潍县的货物价值即达219万两。此后，潍县成为胶济铁路沿线重要的土洋货集散市场和商人资本聚集地。

民国以前，农业为潍县一带的支柱产业，主要农作物为小麦、谷子、高粱。民国初年，引进洋菸。民国六年，英美烟草公司在二十里堡设厂收购、加工菸叶，并采取赠送菸种、低息贷款、赊销煤炭、保种保收等优惠措施，“农民眩于大利，争相种植”。到1933年，种植面积达到七万多亩，年销烟叶1600万斤，因品质优良，驰名南北。当时一年产菸价值达300余万元，几近小麦的产出总值。按产出效益比，土地收益是种植谷物的5–6倍。烟草种植一跃而成为潍县与纺织并驾齐驱的经济支柱。

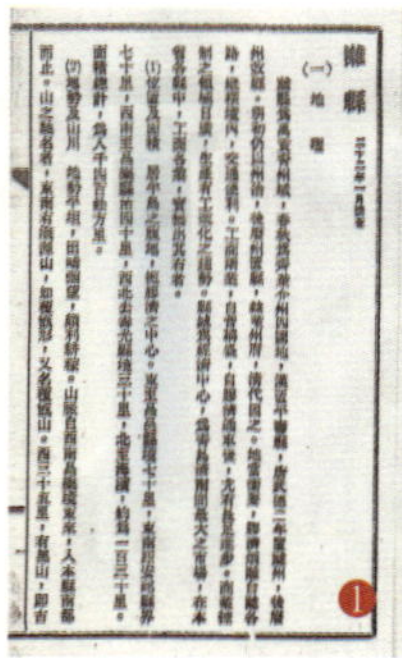

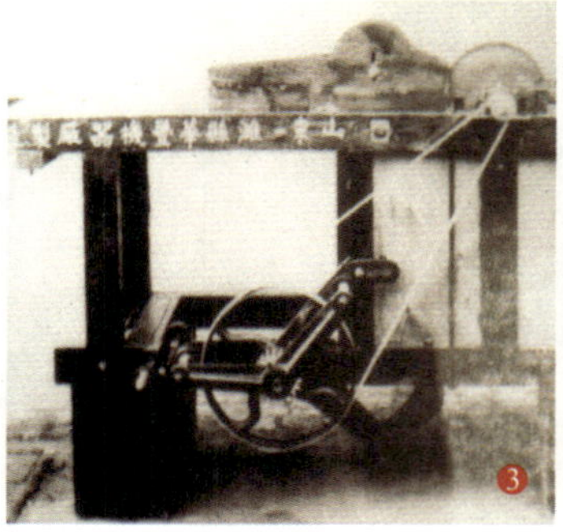

潍坊的手工业历史悠久，早在汉代，当地所产丝织品即通过“丝绸之路”行销西域各国。到清末民初的时候，手工业已有63种自然行业，产品900余种，尤其是土法织布、红炉锻打、手工绣花、风筝制作、木版年画、金银首饰等手工作坊和家庭手工业已遍布城乡。素有“二百支红炉、三千砸铜匠、九千绣花女、十万织布机”之盛誉。鸦片战争后，德、美、英、日等国相继入侵，在潍县一带建起煤矿、烤烟厂等，国外生产技术和商品也随之传入此地，到“七七事变”前夕，潍县手工业堪称繁盛。据1933年的调查，当时潍县“工厂工业”有染色布业、铁器业、火柴业、颜料业、纸烟业、面粉业、制革业、花边业共22家工厂，年产出总值达262600万元。其中华丰机器工厂已经能够生产水车、弹花机、柴油机、织布机等。另外，家庭工业有织布、豆油、酿酒、土画、鞭炮、铜器、铁器、美术品、绣货、古铜器、乐器等十多个门类，年产值12116000元。潍县土布生产，有六万张织布机，其产品“由县城分销云南、四川、贵州、河北、河南、绥远等地”。早在1904年，潍县经营布业的店铺已达400家，年交易额1300万元（银元）。到20世纪30年代，绸布业的经营额已经比三十年前翻番了。

潍县作为一个半城半乡的小城市，其加工生产的手工业品，有很大一部分是广大农民、市民日常所需的生产工具和生活用品，市场广阔。潍县在解放前封建势力相当强大，有名的官僚家族就有丁、郭、陈、张四大家，加上庞大的商人阶层，他们的生活消费，对于商业和饮食业的发展也是一种持久的推动力。清朝末年，潍县商业已相当繁盛，“附近各县，以潍县为货物聚散唯一中心地”，年交易总值达五六百万元。1904年胶济铁路通车及辟为商埠之后，商业更加兴旺，到1933年，全县城商号“不下三千家，交易总值不下四千万元”，每年的营业税“约在九万元之谱”。商品交易的繁盛，必然催生相当规模的金融机构，“七七事变”前，潍县有银行三家，钱庄八家，还有主营棉纱而兼营钱业的商号三十多家。还有九家专门的转运公司，负责商品的转入和输出，潍县成为鲁东地区的商业枢纽，每年销往境外的货物主要有：土布40万匹，价值280万元；烟叶75万公斤，价值30万元；绣货5万件，价值10万元；猪鬃25万公斤，价值10万元；外埠输入潍县的商品，年总值达1315.5万元。

潍坊饮食业起源较早，潍县、青州、诸城等地在唐宋时期已经初具规模。经过数百年的发展，到清末民初，潍县大十字口，南北坝崖，食肆鳞次栉比，有蚨盛馆、福成馆、泰丰楼、如意村、庆德楼、聚丰楼、潍中饭店等各领风骚，名噪一时。潍县为商业重镇，南北客商、文人墨客云集，宴饮之风盛行，佳肴美馔纷呈，久而久之，形成了别具一格的潍县菜。清朝中后期，潍县人在京城做官者又把潍县菜引入京城，进献宫廷，由是潍县菜更加声名远播，一代代潍县厨师以此为业。潍县辟为商埠之后，随着人员、信息的交流，潍县厨师开始去济南、北京、天津等地学习酒店烹调和管理经验，也有不少外地人陆续到潍县开设饭馆，潍县饭菜质量又有了明显的提高，组菜格局随之发生变化，这种交流促进了潍坊饮食业的进一步繁荣。

解放后，潍坊经济迅速发展，在经历“大跃进”和文化大革命两次大的波折后，走上稳步健康发展的道路。特别是改革开放以后，工、农、商业迅速发展，到2008年，全市社会总产值达到2491.8亿元，城市人均收入达到15691元，农村人均收入达到7072元，城市化程度显著提高，中心城区面积达128平方公里，居住人口108万人，成为了山东省实力雄厚的工业化城市。

6

7

8

5

①《胶济铁路经济调查报告·潍县》
②潍县华丰机器厂制造的脚踏织布机
③潍县华丰机器厂早期生产的弹花机
④潍县传统的民间刺绣
⑤清末从通济门俯瞰白浪河沙滩大集
⑥北下河街庆德楼
⑦北下河街庆德楼后楼
⑧20世纪30年代的十笏园

中国知识产权报
CHINA INTELLECTUAL PROPERTY NEWS

山东省开展老字号文化遗产调查

①田野考察小组采访传承人崔信山

②孙冬宁在潍坊瑞福油脂调料有限公司调研时的合影

③《中国知识产权报》对“山东非物质文化遗产研究中心开展老字号文化遗产调查”的报道

④孙冬宁采访掌门人崔瑞福

⑤崔字小磨香油传统技艺研讨会现场

⑥田野考察小组在潍城区档案馆查阅相关历史文献

⑦孙冬宁在崔家村考察

⑧田野考察小组采访崔贺庆

⑨⑩田野考察小组在崔家村考察

二、研究方法

田野工作（fieldwork）又可译为田野调查、现场调查、实地调查，是一种在各个学科里广泛应用的方法。历史考古学、民俗学、地质学、生物学、医学等等都在使用这一方法。

传统手工技艺首先是中国非物质文化遗产的一个重要门类，因而它与其他传统手工技艺一样具有审美的本质，这是必须首先确定的。但老字号中的传统手工技艺又有别于其他民间传统手工技艺，有它自己的特质，包含着丰富的文化内涵，这就要求研究方法、手段必须是多样的。民族学、民俗学、历史学、宗教学、考古学、社会学，以至于伦理学等诸多学科的理论方法是民间传统手工技艺研究中经常被采用的。

因此，在某种意义上讲，民间传统手工技艺研究面临的对象不是一种已经完成的自在的、僵固的文本，而是处在不断被讲述和建构之中的活态文本，是一种活态的文化。它是活在民众之间的物化样态，总是属于一定的民众群体，同时也具有特定的语境特点，因此，“民”和“间”（语境）是它区别于其他传统手工技艺的特征所在。这种特征决定了研究者必须依靠田野调查，依靠田野与传统手工技艺物化载体的互动，才能从根本上揭示民间传统手工技艺的本质特点。

但是长期以来，我们的田野调查工作一直是研究的薄弱环节，很多田野调查限于人力、财力等因素，仅仅是到下面“采风”，不是人类学、社会学意义上的田野作业，加上调查者受过专业训练的也不多，所以，很多非物质文化遗产的研究仍然是把从民间搜集来的资料带回书斋，从其具体语境和生存环境中抽离出来，进行纯文本式研究。这导致了不少研究的对象成为美国民俗学家阿兰·邓迪斯（Alan Dlredes）所说的text without context（没有语境的文本）和folklore without folk（没有民众的民俗学）。

7

8

9

10

本文以田野专题调查的方法，自2008年12月开始，在崔字小磨香油传统技艺产地进行了先期的田野调查。在此背景上，重点选取潍坊市潍城区“崔家庄小磨香油”的老字号作为个案，进行了多次系统、深入的田野考察。

在调查过程中，我们以传统手工技艺、代表传承人、民俗文化等方面的田野考察为基本线索，归纳出基本特征和核心元素，并进一步分析作为传统手工技艺物化载体的各项老字号产品其传统手工技艺的稳定传承，与隐藏在民间日常生活和习俗背后的文化心理、精神信仰等精神需求之间的联系，探求民间文化传承的深层方式和基本规律。换言之，不仅将传统手工技艺的物质载体作为地方名产，更将它们背后所深藏的历史、生活、民俗和活的传承人作为宝贵的非物质文化遗产来加以记录、研究和评述。因此，本课题重点以中华老字号为案例，对山东传统手工技艺的重要门类以及与之相关的民俗文化进行系统的考察与整理研究，挖掘出其十分重要的文化意义和非物质文化遗产的保护价值，对山东老字号文化遗产的多元文化传播和本土文化精神的树立具有时代的发展意义，更具有时代现实意义。

对于崔字小磨香油传统技艺的研究整理工作主要采取田野考察和逻辑分析的方法。因为非物质文化可分为物质、行为、精神意识三个层面。田野调查又分为三个层次：民俗实物征集、行为采录和资料研究。

民俗实物征集。随着社会的剧烈发展变迁，崔字小磨香油传统技艺相关实物正在从人们生活中急剧消逝，我们在田野调查中，积极寻找老的崔字小磨香油传统技艺文物线索，广泛收集相关民俗文物。

行为采录。崔字小磨香油传统技艺传承人特别是崔氏家族二十代人有序的传承情况是我们研究工作的重中之重，我们在田野调查过程中运用录音、录像等能够体现出动态性和过程性的现代手段来保存对他们的采访。此外，对于生产过程我们也采用录音、录像等载体进行采录，力争在非物质文化遗产保护的田野调查中得到完整的载体形式。

资料研究。非物质文化遗产具有变异特性。尤其在“意识”层面最易发生变化，社会环境变迁首先会影响人的精神意识，而行为或会滞后。对非物质文化遗产的保护，除了要保存记录“载体”和“行为”外，还要注意经常研究其行为背后的意识因素，把物质、行为及精神意识各层面作为一个系统整体来进行资料性采录和研究，做到既能观其形，又能察其异，体察每一项遗产项目的产生、流变，为保护其可持续发展提供借鉴。

本次采访相关崔字小磨香油传统技艺民俗专家、代表性传承人20余位，采访录音50余小时，相关共搜集整理到相关的口诀、民谣民谚34条，老工具33件，拍摄图片3200余张。最后，采用逻辑分析的方法，对崔字小磨香油传统技艺的保护与传承做出了研究报告。

1

2

中华老字号

崔字小磨香油传统技艺·田野考察现场

①崔家村古井

②③④⑧⑫田野考察小组在考察现场

⑤田野考察小组采访传承人崔信山

⑥⑦崔字小磨香油传统技艺研讨会现场

⑨崔字小磨香油在潍坊非物质文化遗产日展览

⑩孙冬宁在崔家村考察

⑪田野考察小组采访崔立福

脂麻有黑白二種取食宜黑油宜白油以黃豆別有用脂麻為正品花生麻子次之製者色淡味濃油之貴

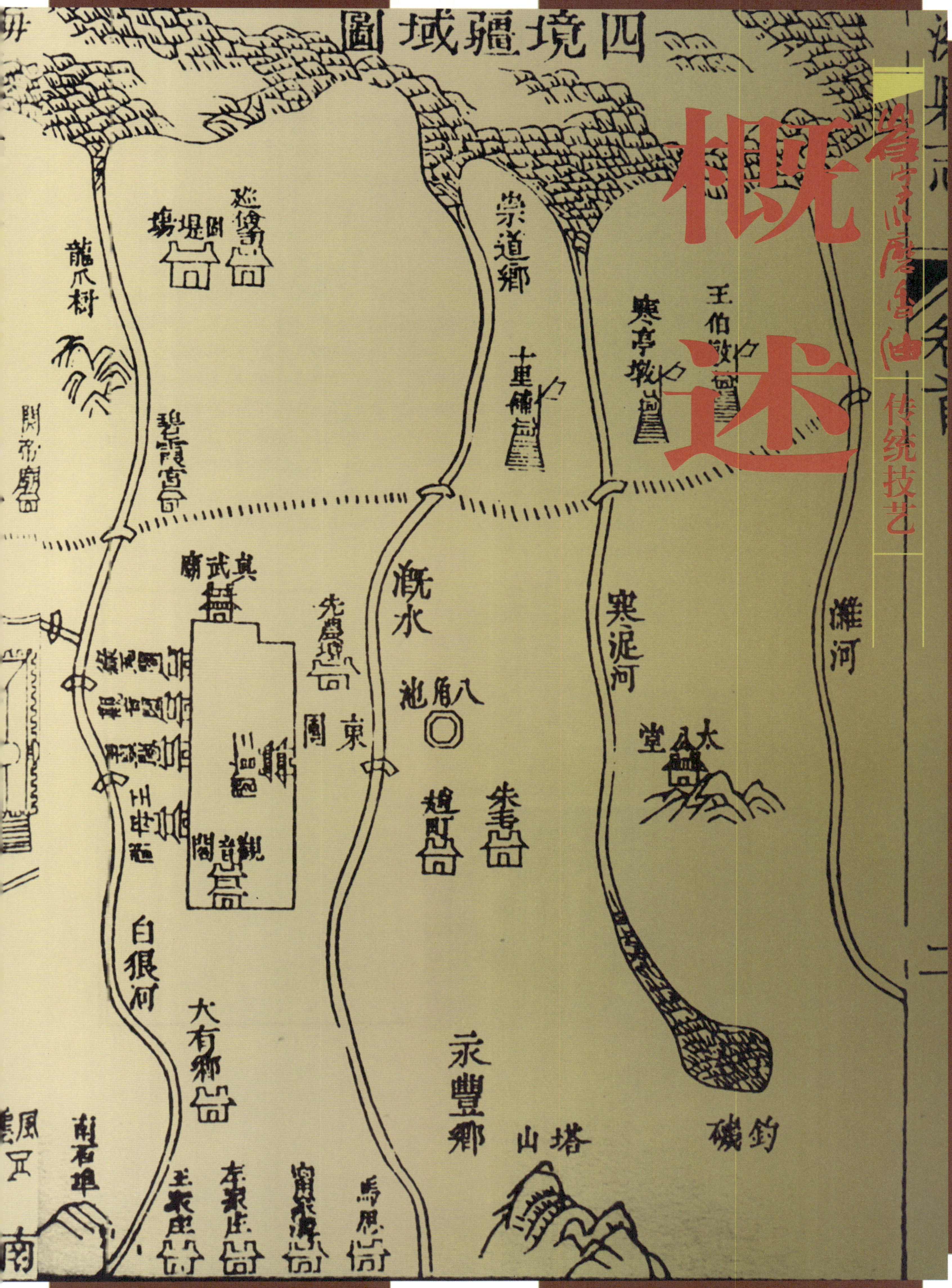

概述

传统技艺

中华老字号

崔字小磨香油传统技艺·历史渊源

一、崔字小磨香油的历史渊源

崔字小磨香油发源于“潍县城西十五里许永平社大于河西岸”之崔家庄（今潍坊市潍城区于河街道崔家村）。根据《崔氏族谱》记载推算，其创始时间应为崔氏移民立庄之后，距今约六百余年左右的历史。期间，可分为“传说”与可考两个历史阶段，现分述如下。

（一）传说阶段

自明朝初年崔氏始祖自“山西广长”迁徙山东潍县之后，至20世纪初潍县辟为商埠之前，约计五百年的时间。

这一阶段，目前尚未发现崔家庄香油生产的直接记载，但从当地父老代代相传的口碑史料和有关诗文的间接记载的信息来看，早在明朝初期，崔家庄已经开始生产香油，这是完全可信的。第一，崔家庄生产香油是从崔氏先人“崔老二”开始的，因为当时潍县一带生产香油者甚少，人称其人为“崔香油”（字济民，名崔泽世）。“崔香油”用小石磨磨坯和“水代法”取油，这种工艺一直沿续至今。第二，至晚在明朝中期，崔家庄香油已经被列为宫廷贡品，供皇帝御膳之用。第三，清朝乾隆年间，郑板桥任潍县知县时，曾“闻香赋诗”，称赞崔家庄香油。第四，清朝道光、咸丰、同治、光绪年间，潍县籍的官僚陈官俊、陈介祺、张兆栋等人，为把崔家庄香油传播到京城和皇宫发挥了重要的媒介作用。这一时期，潍县崔家庄香油的使用范围迅速扩大，名声日隆。第五，崔家庄香油的生产技艺，仅在崔氏家族内世代传播，一直保持着家庭副业的性质，规模小而分散，但质量优良、市场信誉极佳。

1

2

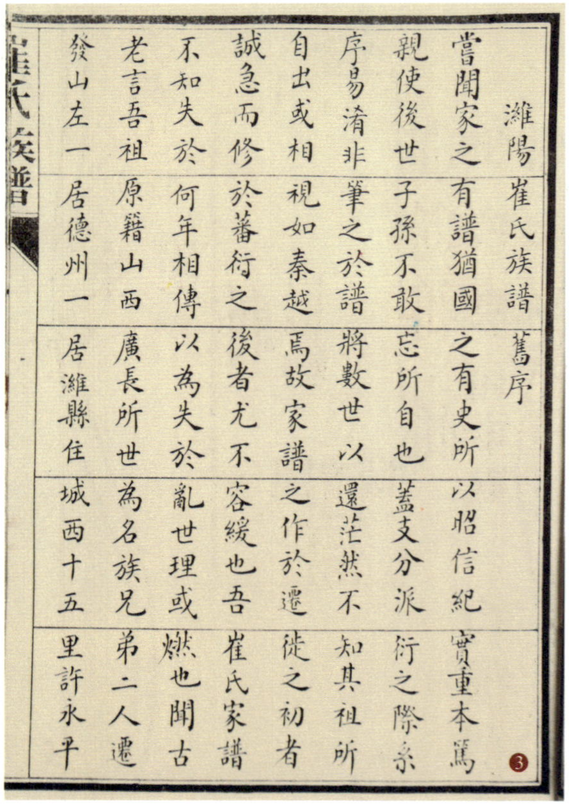
濰陽崔氏族譜 舊序

嘗聞家之有譜猶國之有史所以昭信紀實重本篤親使後世子孫不敢忘所自也蓋支分派衍之際系序易淆非筆之於譜將數世以還茫然不知其祖所自出或相視如秦越焉故家譜之作於遷徙之初者誠急而修於蕃衍之後者尤不容緩也吾崔氏家譜不知失於何年相傳以為失於亂世理或然也聞古老言吾祖原籍山西廣長所世為名族兄弟二人遷發山左一居德州一居濰縣住城西十五里許永平

崔氏族譜

3

（二）可考阶段

从1904年潍县辟为商埠之后到现在，关于崔家庄香油生产和销售的文字记载和可靠的口碑资料较多，依据时间先后和香油生产的盛衰流变，大体可分为七个时期。

1.兴盛时期

时间为1904年到1937年“七七事变”前，大约三十多年的时间。

在自然经济社会中，香油是富裕阶层消费的奢侈品，因而香油的销售量与当地的富裕程度呈正相关系。崔家庄香油生产的兴盛与潍县经济的繁荣是有着直接关系的。在清代中叶，潍县商业主要是中转、集散胶州与内地之间流转的货物，有“金胶州、银潍县”和“金潍县、银周村”之称。但商业资本及规模远远不如临清、济宁等运河商业城市。自1902年4月胶济铁路修至潍县为起点，潍县商业资本和城市人口迅速增加，商业地位持续上升。1906年，潍县城内人口约两三千户，内中商家约七八百户，城外东关约七八千户，其中商家约两三千户。到1913年，潍县资本额10万两以上的商号比铁路刚修通时增加了200%，《胶济铁路经济调查报告 · 潍县 · 人口》记载了1933年的数字：

按县政府所填报告，全县人口总计，为64万余人，邑中工商两业，均极发达。故人民职业，除农民占最多数目外，工商两界人数，实较各县为多。大小商号总计，约在四千家以上，人数约在四万左右。工界人数（包括工厂工业及家庭工业两种）尤伙，虽无精确统计，然以现在之六万张织布机，及三四十家之工厂推计之，全业人数，当在七八万人左右。此外教育界人数，约占人口总数5%。矿工人数约四千余人，其他军政各界，则占极少数。

④

⑤

⑥

⑦

⑧

①崔家庄风貌
②崔家庄遗弃的石磨
③崔氏族谱
④20世纪初期的坊子车站
⑤魏子宜是潍县最早创办的民族医院惠东大药房的主要创办人之一，也是最大的机械印染厂信丰染厂的主要创办人之一，后任总经理
⑥重重森严的牌坊，是封建时代的典型标志
⑦1934年，丁敬亭首创潍城最大的百货大楼泰东商行
⑧北下河商业街旧貌

中华老字号

崔字小磨香油传统技艺 · 历史渊源

除了人口增加以外，经济的迅速增长还带来了社会购买力的扩张和消费水平的提高。据于家干先生考证，到20世纪30年代后期，仅潍县附近的二十里堡烤烟厂（英商颐中烟草公司烟叶部所辖）一年向当地农民支付的收烟款即达近千万元（银元），农民的种地收益成倍增长。据《胶济铁路经济调查报告 · 潍县 · 人口》中记载，当时潍县的消费状况发生了明显的变化。

> 民生状况：风俗质朴、勤于生产。士奋读书，民务工商。自铁轨交通后，尤为繁庶。一般生活标准，日见提高……至衣住两项，亦颇讲究，似较别县为优。至县城及市镇一带商民，渐有奢华之倾向。食必麦粉肉类，衣则舶来洋布、哔叽、麻葛绸缎者，亦不乏其人，此盖都市之习尚使之然也。

潍县人口的聚集和购买力的提高，必然带来餐饮业的繁荣，一批酒楼饭馆应运而生。在这种形势下，香油的消费量显著上升，作为地方名产的崔家香油，更是供不应求。据统计，这一时期，崔家庄香油加工户达50多户，约占当时总户数的30%，香油年产量达到50000斤。20世纪30年代，崔恩扬、崔升扬兄弟二人系孤儿，在舅父的抚养下长大成人，后来兄弟俩回家开香油作坊，买了地，结了婚，后来兄弟俩各开一个香油作坊，成为小康之家。

①

2.衰落时期

1937年潍县沦陷后到1948年潍县解放，大约十年的时间。

日军占领潍县后，培植汉奸武装，加强其殖民统治，在城市对工厂商号野蛮管制，商贸活动受到很大限制；对乡下实行军事封锁，设立碉堡、关卡，经常下乡扫荡抗日武装，实行“三光”政策，或是抓壮丁、派车马、派民夫，贸易客商经常被押被杀或被敲诈勒索，潍县经济遭到严重破坏。加之土匪武装、汉奸武装趁火打劫，横征暴敛，民不聊生。日军投降后，国民党伪顽武装占领潍县，四下出没，社会极不安定，人心惶惶。这一时期，交通阻断，人身安全没有保障，给崔家庄香油生产带来极大破坏。1946年，沾化县一位芝麻贩运商人来崔家庄销货，被当地土匪绑票，其朋友崔升扬之妻花了100斤芝麻的钱才把他赎了回来。原料供应渠道被隔断，香油户外出卖油也承担着极大风险，许多香油户停产歇业，产量亦随之大幅度下降。

②

③

④

①清末潍县东关城墙内大片民居

②丁叔言青年时代留照

③丁叔言家庭照

④经历枪林弹雨的通济门城楼，被摧毁之后的残破形象

⑤潍坊市第一辆公共汽车运行在和平路上

⑥五六十年代的老百货大楼（和平路与胜利西街交叉路口）

⑦山东省人民委员会关于提高非农业人口食油供应定量的文件

3.恢复时期

1948年潍县解放后，到1956年实行粮食统购统销，社会安定，政策宽松，香油加工户可以自由生产，因而香油生产得以恢复。

在土地改革运动中，崔家庄组织了农救会，斗争地主，穷人分到田地和房舍、浮财。许多穷困的香油加工户得以翻身解放，安居乐业。国家鼓励发展生产，做油要交税，但税赋很轻，此外没有任何负担。过去停业的一些香油加工户又恢复了生产，产量上升，销售区域扩大，有些户把产品卖到了烟台、青岛、济南。这种状态一直持续到1956年。

4.集体加工及私下作坊时期

在农业合作化的运动中，1953年，崔家庄组织起若干个农业互助组，到了1954年就成为崔家庄初级社，1956年又成立了高级社，名叫旭升高级社。这时候，农村普遍建立党的组织，在城市大办公私合营企业和手工业合作社，个体私营企业在舆论上已不提倡。从1956年开始，崔家庄高级社和昌潍地区油脂公司发生了业务联系，油脂公司与高级社签订来料加工合同，运来芝麻，委托加工，高级社再把芝麻分到各香油加工户，做出香油后交给社里，装入大桶，用马车送往潍坊市里油脂公司仓库（青年路南头路东）。油脂公司只要香油，芝麻饼留给农户，就顶香油加工费。这种集体承揽合同、户下加工的形式持续到1958年人民公社成立之前。

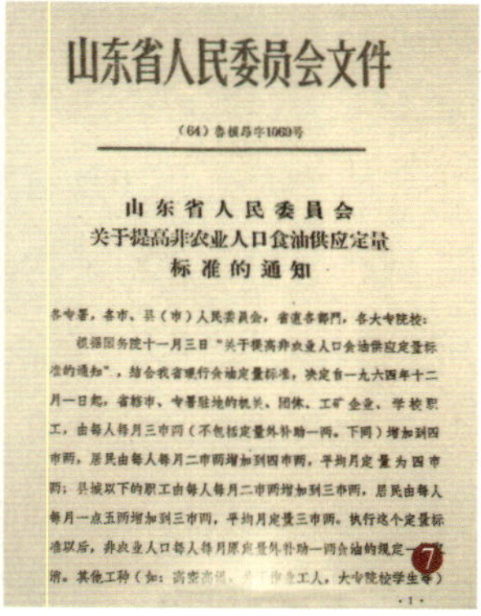
山东省人民委员会文件

山东省人民委员会
关于提高非农业人口食油供应定量
标准的通知

各专署，各市、县（市）人民委员会，省直各部门，各大专院校：

根据国务院十一月三日"关于提高非农业人口食油供应定量标准的通知"，结合我省现行食油定量标准，决定自一九六四年十二月一日起，省辖市、专署驻地的机关、团体、工矿企业、学校职工，由每人每月三市两（不包括定量外补助一两。下同）增加到四市两，居民由每人每月二市两增加到四市两，平均月定量为四市两；县城以下的职工由每人每月二市两增加到三市两，居民由每人每月一点五两增加到三市两，平均月定量三市两。执行这个定量标准以后，非农业人口每人每月原定量外补助一两食油的规定……

·1·

1958年11月，于河人民公社成立，公社为基本核算单位，崔家庄称为于河公社崔家大队，下设八个生产队，最初还是军事化管理。在1957年下半年，国家实行了统购统销的粮食政策，城市人口按定量供应粮油，农村禁止粮食和油料作物（大豆、芝麻）上自由市场交易，只能交给国家，由国家再按计划卖给需要的单位和个人。个体加工户买不到国家计划供应的芝麻，只好偷偷去黑市上买，在当时是违法行为，称为"投机倒把，破坏粮食市场"，要受处罚的。所以户下只能给国家加工。到了高级社末期，加工任务不再分给户下，而是由八个队的香油作坊来承担加工任务。其石磨、工具、技术人员都是由各户凑起来的，每个队4盘石磨、4头毛驴，油脂公司与崔家大队签订加工合同，大队把芝麻分给八个生产队。由于油脂公司负责对市民供应提供货源（每个城市人口一年供应二两香油），所以这项加工比较稳定，一直延续了至少20年，大体上每年加工芝麻100万斤。在集体进行香油加工生产的同时，社员户下仍然在悄悄地进行私下生产，大约有65%的农户冒着风险进行这种私下生产，其供、产、销都是不公开的，不过，在崔家庄内部，都互相了解，但见面不问，心照不宣。首先，原料供应有一条私下通道，主要来自黄河三角洲地区，此地土地宽满，队里管不过来，社员有条件开荒种地。自留地也比较多，土质又适宜种芝麻。打出芝麻后用自行车驮到崔家庄来卖，一般一个人驮200斤，天黑的时候进村，敲门进户交易，交易完赶紧走人，外人碰上就说是朋友关系。其次，生产加工是夜里进行，在房里关上门干。第二天早晨，继续出工上坡。第三，销售是隐蔽的。提个篮子，带十来瓶香油，盖上包袱去赶集，或是到城里串巷子，转宿舍区。因为私下加工产量很小，做一批，卖一批，卖完再做，遇上运动，把石磨一掀，就查不出踪迹了。实际上，基层干部也是睁一只眼闭一只眼，有的队干部也在悄悄地做香油。1966年上半年，由潍县工商局局长亓风池带领工作组进村，查处私开香油作坊者。召开动员大会，实行坦白从宽、抗拒从严的政策，约有30家香油加工户受到处理。主要是补税和退赔经营所得，有30多盘石磨被拉到大队部充公。香油户崔××一家六间房屋及石磨、木床、条山几、钟表被充公。还有一些香油户的手推车、生猪被充公。但是，不长时间后，香油户的私下生产又开始进行。这种私下生产一直延续到改革开放，国家放开粮油市场并鼓励发展个体生产之后。

5.品牌创立时期

1978年年底，党的十一届三中全会召开，这是中国命运的重大转折，国家的经济政策发生了重大调整，在农村，鼓励个体私营企业发展，要求摆脱“以粮为纲”的束缚，大力发展多种经营，放开市场，搞活经济。次年二月，潍县三级干部会议召开，会期15天，贯彻十一届三中全会精神。潍县县长苏成章在大会报告中提到：……我们潍县的名产，崔家的香油，流饭桥的火烧，为什么还不上市？……当时，参加会议的党支部书记崔彦宗、大队长崔信山受到很大触动，信心百倍。散会后，崔信山与支部书记崔彦宗立即召开干部会和社员大会传达贯彻，鼓励大家放开手脚大干。崔家村的香油业户如雨后春笋迅速发展起来了。此时，生产队的香油作坊仍未解体，生产队加大队共20盘石磨生产。个体香油加工户达到百余户，原料采购范围几乎扩大到全省，寿光、利津、沾化、广饶、乐陵、高唐、平原、禹城等地送芝麻的拖拉机、汽车天天出出进进，络绎不绝。销售区域东到青岛、烟台，南到胶南、日照，西到济南，北至鲁冀交界，到处都可以见到各种瓶装的崔家香油。

崔家香油在市场热销的形势下，一些个体加工户经不住利润的诱惑，开始掺杂使假，短秤少两，严重败坏了市场信誉。1981年6月1日，山东人民广播电台播出潍坊崔家香油质次短秤的批评新闻，一天广播三遍，崔家香油的丑闻很快传遍齐鲁城乡。时任党支部书记的崔信山去乡里开会，有人当面就讥讽：“只要棉油厂不倒台，你们崔家香油就有的卖！”省级新闻媒体的曝光批评，上级、朋友的揶揄嘲讽，使一向爱面子的崔信山无地自容。他先后召开支部会、党员会、能工巧匠会，分析利害，研究整改措施。最后痛下决心，大队上香油厂，形成香油龙头，龙头带龙尾，以厂带全村，创出香油名牌，把老祖宗传下来的金字招牌擦得一尘不染！此后，大队采取宣传教育，统一着装编号加强监督等措施，以端正香油经营作风，但一时见效，未能长久。

1984年秋天，在崔家庄祖祖辈辈赖以饮水的古井西大街以北，挂起了“潍坊市潍城区于河乡崔家庄香油加工厂”的牌子。崔信山兼任厂长。此厂以原来的大队副业为基础，共上8盘小磨，用耕地用的25马力拖拉机的差速器变速，用2.2千瓦电机带动，人员30人。商标用“崔家石磨”的字样。厂子坚持质量第一、信誉第一的宗旨，芝麻选上等，操作讲卫生。这一时期，崔家香油第一次建立了质量检测制度。购置了油脂纯度测定器，培训了质检员。工厂及各户生产的香油都要进行检测。合格者才瓶口加封，贴上统一印制的标签。当时大队没有一分钱的现金投入，第一批香油标签印制是贷款540元去潍坊印刷的，共印19710张。1984年，生产香油40吨，以后逐年递增，市场信誉开始恢复。

据潍城区委简报记载：1983年，全村从事香油加工的劳力达400人，有69%的农户从事此业，一年加工芝麻300万斤，收入25万元，户均收入1200元。1986年，注册“崔字”商标，销路大开。

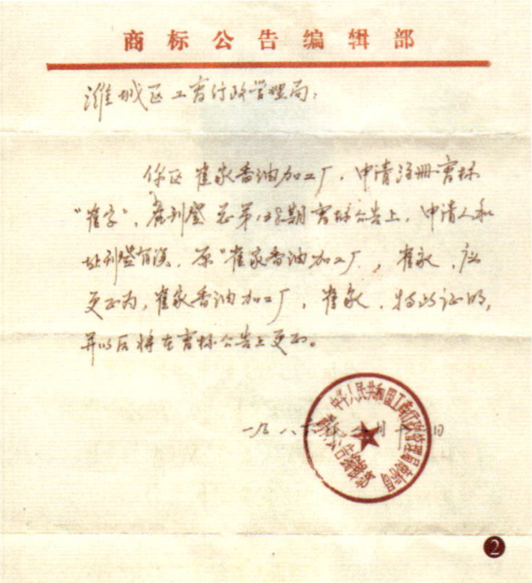
商标公告编辑部

潍城区工商行政管理局：

你区崔家香油加工厂，申请注册商标“崔字”，应刊登在第128期商标公告上，申请人和地址刊登有误，原“崔家香油加工厂，崔家，应更正为，崔家香油加工厂，崔家。特此证明，并以后将在商标公告上更正。

一九八六年[illegible]月[illegible]日

1985年春，全省香油行业质量评比，“崔字”香油获得第一名。

1985年秋天，农牧渔业部组织全国23个省、市、自治区香油加工厂在桂林进行质量评比，在参评的上百家产品中，“崔字牌”香油又评为六家优质产品之一。《人民日报》、《经济日报》、《大众日报》、《潍坊日报》都登了名录，中央、省、市电视台播了消息，省政府奖给8吨钢材。

1986年，崔家香油参加了中国乡镇企业出口展览会。国家领导人胡耀邦、赵紫阳等都参观了产品展览。是年春，香油厂搬迁新址，在村外新建了24间厂房，占地8亩。

1987年4月，崔字香油参加潍坊市政府在日本日向市举办的物产展销，受到日本朋友的高度赞扬，展出的200瓶香油被抢购一空。

1987年6月，“崔字牌”香油获山东省优质产品称号。

为了保证崔家香油的品质，减少环节降低成本，崔家庄党支部、村委会决定建立香油的原料基地。他们在市区领导的支持下，向全国十八个良种科研机构发函征集芝麻良种，并且在邻村（流饭桥、冯家村），播种芝麻800亩，长势良好，但后期受叶斑病侵害，严重减产。

③

④

⑤

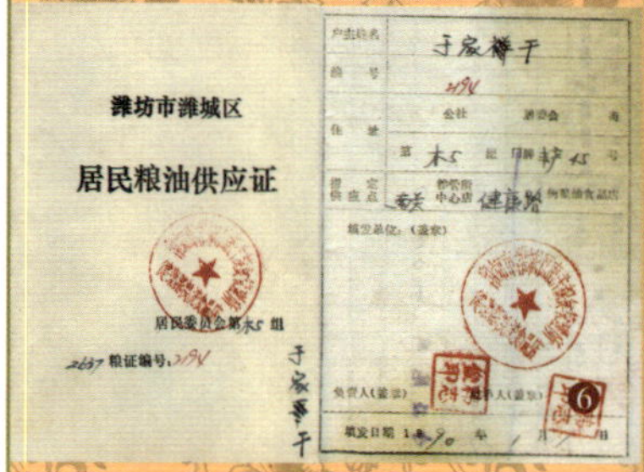
潍坊市潍城区

居民粮油供应证

居民委员会第　组

粮证编号：

领发日期 19　年　月　日

⑥

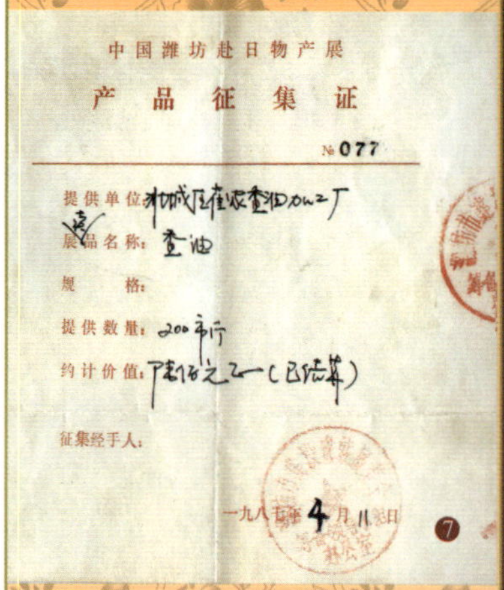
中国潍坊赴日物产展

产品征集证

№077

提供单位：

展品名称：

规　　格：

提供数量：

约计价值：

征集经手人：

一九八七年 4 月 11 日

⑦

①崔家香油加工厂时期的瓶贴

②潍城区工商行政管理局文件

③1986年崔字小磨香油获得“农牧渔业部优质产品”

④20世纪80年代的崔字小磨香油储藏间

⑤1987年崔家香油厂全体管理人员

⑥20世纪80年代的潍城区居民粮油供应证

⑦1987年崔字小磨香油参加在日本日向市举办的物产展销证

中华老字号

潍坊崔字小磨香油传统技艺·历史渊源

1986年4月7日，潍城区区委书记任伯榴、副区长冯克荣、区乡镇企业局韩文忠局长、区计划委员会高永安主任、区经委王国仕主任、农业银行辛建恒行长、区外经委王成林主任、区财政局胡嘉欣局长、区工商局刘玉才局长、区粮食局徐家聚局长、区税务局唐乃友局长(有事请假)派两位代表来。于河乡党委孙清浩书记、于河乡政府刘世庆乡长、于河乡经委刘鹏善主任、于河乡工商所马占功所长等区直的14个部门的一把手来崔家香油厂召开现场办公会，专题研究支持崔字香油生产问题，会上，各有关部门纷纷表示支持崔家庄香油创名牌：

区财政局胡嘉欣表态：给予无偿支农资金10万元；

农业银行辛建恒行长表态：给予扶持贷款15万元；

税务局表态：崔家香油厂免税两年；

工商局刘玉才局长表态：出具证明，外出采购原料，全国畅通无阻；在潍坊市里提供两个摊位展销；

粮食局徐家聚局长表态：派人帮助采购优质芝麻；

区外经委王成林主任表态：派出专人、专车，帮助办理出口手续，把崔字香油市场冲出国门，扩大到海外；

区经委主任王国仕表示帮助香油厂协调电力局上一台变压器。

区委书记责承经委主任牵头，落实诸项支持措施，并且严肃地说，“不要等老崔找你们！”

事后，这些措施一一落实，工商局在潍坊市内两处繁华的市场中安排了两处销货摊位，摊位费、管理费全部免交。同年6月，一万斤崔字香油销往东南亚国家。省政府又拨给三万元周转金，区税务局又给了一万元周转金。崔家香油厂一时成为潍城区乡镇企业“四朵金花”之一。

然而，事物的发展没有一帆风顺的，崔家香油厂和当时众多的乡镇企业一样，命运多舛。书记兼任厂长，一身二任，有其长处，但弊病也是明显的，领导精力分散，政企不分，支持香油厂发展的一部分资金被挪作村里的基本建设支出，香油厂成为全村的“一碟蒜”，很难形成独立负责的市场主体。香油加工厂搬迁，占用了大部分扶持资金，致使企业流动资金严重短缺。由于诸多因素的困扰，香油厂又陷入了困境，资金链断裂了。为了挽救崔家庄的香油生产，崔信山决定选聘能人建厂，经大队党支部研究决定，委托镇经委公开向社会招标，聘用能人救活企业。

1988年6月2日，三张招标公告贴在了崔家庄的大街上，三天中就有五人报名投标。当时按投标方案中本人条件，企业管理，上缴利润，出口创汇，为香油专业户服务，职工安排以及安全、财务、质量、计划生育、精神文明等七个方面逐人打分，然后由各领导，有关部门公证员参加的答辩委员会主人提问答辩，两项综合确定中标人。潍城区司法局为评标过程进行了公证。崔信山为五个投标人之一，自然不能参加评标。

1

2

6.产业化经营时期

1988年6月10日，乡经委组织的崔家香油厂厂长招标揭晓，崔瑞福中标。崔瑞福，男，汉族，1963年生，研究生毕业，金融专业硕士，时任潍城区城关街道团委书记。他是崔家村支部书记崔信山的次子。对于他丢掉金饭碗，来抢泥饭碗，父亲先是反对，反对无效，继之加以担心。

开弓没有回头箭，年方25岁的崔瑞福，横下一条心，一定要救活崔家香油，一定要让崔字香油香飘全球。面对无人、无钱、无原料的困难局面，他和几位朋友拿出了家中很少的一点积蓄做本钱，为外贸公司收购芝麻，1988年下半年，挣了13万元，厂里的生产恢复了，金融单位的信任建立了。厂里拿出仅有的一点盈余，在潍坊电视台做广告，到春节时，前来买香油的车辆排着长队，崔字香油的牌子又敲得当当响了。1988年出口香油13吨，1989年出口香油40吨。经济效益持续增长，不到三年的时间，银行、财政扶持的30万元资金全部还清。

1990年到1992年，香油厂在保证产品品质的前提下，大踏步地进行设备改造，显著提高了劳动效率。1994年，新建一座国际标准化生产车间，净化过滤机、静电离子沉淀贮油器，自动灌装机一应俱全。在全国同行业中率先引进ISO9001国际质量管理体系，香油的质量标准化生产有了可靠保证。

崔瑞福说过，靠传统的农民是办不成现代化企业的。没有一流的员工队伍，就创不出一

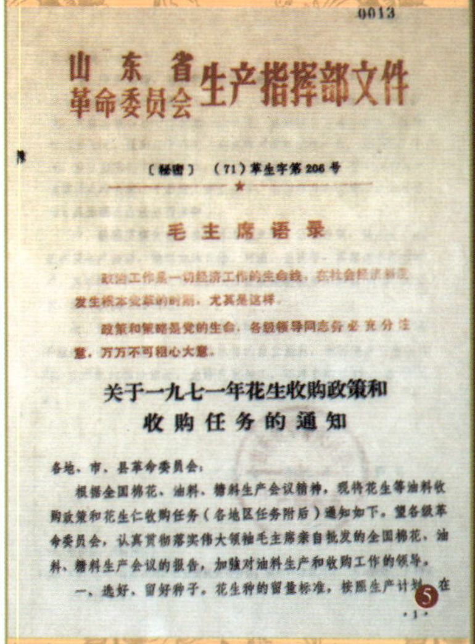

0013

山东省革命委员会生产指挥部文件

〔秘密〕（71）革生字第206号

毛主席语录

政治工作是一切经济工作的生命线。在社会经济制度发生根本变革的时期，尤其是这样。

政策和策略是党的生命，各级领导同志务必充分注意，万万不可粗心大意。

关于一九七一年花生收购政策和收购任务的通知

各地、市、县革命委员会：

根据全国棉花、油料、糖料生产会议精神，现将花生等油料收购政策和花生仁收购任务（各地区任务附后）通知如下，望各级革命委员会，认真贯彻落实伟大领袖毛主席亲自批发的全国棉花、油料、糖料生产会议的报告，加强对油料生产和收购工作的领导。

一、选好、留好种子。花生种的留量标准，按照生产计划，在

·1·

①1984年崔信山将牲口拉磨改为机器拉磨

②崔家香油加工厂时期的瓶贴

③中共潍坊市纪委书记蒋文彩（右七）、中共潍城区委书记张润国（右六）、潍城区长赵伟宏（右八）、中共潍城区纪委书记张顺涛（右五）、副区长李伟（右四）潍城经济开发区管委会主任李学光（左一）出席崔家村旧村改造开工典礼

④崔字小磨香油第十九代传承人崔信山与第二十代传承人崔瑞福

⑤1971年山东省革命委员会生产指挥部文件

⑥1987年于河乡统计年鉴

⑦崔瑞福考察芝麻

中华老字号

潍坊崔字小磨香油传统技艺·历史渊源

流的企业。1996年，公司引进了第一批42名大中专毕业生，当时在人们的理解中，大中专毕业生是要到好行政事业单位去的，最差也要到国企或比较好的商业单位去的，怎么能去一个名不见经传的小私营企业里去呢？更让人感到不可思议的是：这些人全部都去了车间！炒芝麻、在墩油、刷瓶子、贴标签……而且隔一段时间就交流岗位！崔瑞福这是怎么啦？

人们当时没有理解，这正是崔瑞福的长远眼光。社会在发展，任何岗位都需要知识，崔瑞福深深懂得这个道理。42名大学生在车间岗位上呆了9个月或一年多后，奇迹出现了：所有这些“合格的车间工人”都分配到了重要的岗位上去，有的是车间主任，有的是生产部的经理，有的是质量监督员，有的是销售人员……“不经一番寒彻骨，哪得梅花放清香”？他们从最基层学起，各道工序都了如指掌，芝麻炒到什么火候，用手一捻就知道；一分钟25张标签的速度，管理车间工人的时候哪个不佩服？外出做销售，产品的特性、营养、食用方法说得头头是道；外出采购，一把芝麻抓在手里，就知道出油率是多少……每个人都是能文能武的骨干。

到现在，公司的研究生、大学生、中专生已经占到全公司人员的70%，全部享受五项社会保险，让员工放开手脚去发挥自己的才能。质量工程师、营养师、会计师……都在各自的岗位上发挥着重要的作用。

1998年，企业顺应时势，改制为潍坊瑞福油脂调料有限公司，企业发展更具有了活力。

1999年，崔字牌小磨香油被国内贸易部认证为“中华老字号”。

2001年，公司一举通过ISO9001国际质量管理体系认证，保证了产品的质量。

2002年开始，公司每年都举行不低于六次的大型内训，外出进行的专业培训更是不计其数。产品知识、专业知识、企业文化、交通知识、消防知识、食物相克……每个人都在工作中学习，在学习中工作，公司发展了，员工也一起成长。

2004年以后，公司加快了产品开发的进程。传统的崔字香油、芝麻酱仍然是企业的主导产品，同时又开发出浅色香油、黑芝麻香油、保健香油、药用香油、工业用香油等高端系列产品，这些产品可以适应国内国外两个市场的需求。在企业的上游，建立了自己的绿色食品原料基地，通过了“绿色食品”认证；在企业下游，与沃尔玛、欧尚、麦德龙等国际大型零售商建立了长期的合作关系，实行强强联合，通过全国联供和实施OEM定牌加工，使“崔字”香油冲出国门，走向世界。

7.文化经营时期

创名牌、实施名牌战略，这是崔字香油人坚定不移的目标。目前员工中有四分之三的人是大中专毕业生，公司每年组织六次大型培训，持续不断地更新知识，提高员工素质。早在2003年，崔字香油就导入了先进的CCS企业文化系统，从精神、行为、视觉、品牌等方面进行整合，全方位提升崔字香油品牌形象，全力打造“经典企业，百年瑞福”。

公司的文化中最有特色的就是消费者文化和检讨文化。

董事长崔瑞福认为，无论什么样的企业文化，必须符合消费者的利益，能满足消费者隐含的、潜在的、现实的需求和期望。消费者是我们的衣食父母，消费者需要我们做什么，我们就做什么，消费者需要我们怎么做，我们就怎么做。车间工人们认为：我的下一道工序就是我的消费者，我必须为下一道工序负责。在这种观念引导下，全公司上下都建立起了大市场的概念，全公司的员工都知道自己不是在为哪一个人服务，而是在为市场服务，从而使每一项工作都井然有序。

公司的检讨文化也是极具特色的。检讨的意思是检查、讨论、自我批评、自我反省，时时检讨，事事检讨，以求“日检日高”。

公司的日会叫做日检讨会，周会叫做周检讨会，后面依次是月度检讨会、季度检讨会、年度检讨会；工作总结叫做工作检讨，会议室叫做检讨厅。

中华老字号

潍坊崔字小磨香油传统技艺·历史渊源

同时，公司统一了对外的形象，以黄色和红色为标准色，大大提升了消费者对产品和公司的认知和记忆，公司的知名度和美誉度大幅提高，也使得销售逐年大幅增长。

自2004年起，公司在潍坊市第七中学设立瑞福·春华奖学金，一年两次奖励那些在中考中成绩优异的学生和家庭困难的学生。到现在已经六年时间了。随着学杂费在高中部的取消，学生们体会到了奖学金带给他们的荣誉和“用知识创造财富”，公司也经常接到受奖励家长的电话，对公司的这一公益行为表示感谢。

2006年，公司进行设备自主研发改进，对所有的生产流程进行优化，并研制出了全国第一条小磨香油生产流水线，解决了小磨香油不能集约化、大规模生产的难题，既完整保留了传统工艺，又节约了人力。

公司一直非常注重知识产权的保护。崔字牌及图，早在1986年就注册了商标，这是全市第一个成为食品注册商标的品牌，我们不仅在韩国、日本等国家把“崔字牌”商标也注册下来，而且把与“崔字”相关联的“崔氏”、“崔家”、“大崔”、“小崔”、“崔老大”、“崔老二”……等等都注册下来，有力地保护了崔字牌的知识产权。20多年来，瑞福公司“崔字牌”系列产品已经在全国14个省的70多个城市以及3个直辖市都建立起了强大的销售网络，并远销日本、韩国、美国、加拿大等多个国家和地区，深受世界各国的青睐和喜爱。在行业中，无论是产品内在品质还是销售网络的发展都遥遥领先。

2007年，“崔字牌”商标被评为中国驰名商标，这是政府和社会对崔字牌的充分肯定。瑞福公司继承了崔字小磨香油传统技艺的精华，并在新的时代条

①公司的日会

②总经理颜建伟与国家质监总局计财司白俊章（中）总司长在公司

③瑞福·春华奖学金在潍坊七中发放

④山东省高院领导来公司考察验收工作

⑤学员参加2008年度第二期培训

中华老字号

潍坊崔字小磨香油传统技艺·历史渊源

件下将其发扬光大，使传统产品在激烈的市场竞争中焕发出勃勃生机，并打造出独具特色的企业文化，获得了非凡的成功。

从1988年至今，崔字香油发展业绩蒸蒸日上，市场占有率不断提高，社会信誉与日俱增，取得了一连串的荣誉。

1990年4月，获得第七届国际风筝会指定产品。

1990年12月，中华人民共和国农业部优质产品奖。

1992年4月，获得第九届国际风筝联合会指定特供专用精品生产厂。

1994年4月，荣获第十一届潍坊国际风筝会名优产品大奖赛银奖。

1994年5月，荣获第十一届潍坊国际风筝会农副产品博览会金奖。

1995年10月，获得第二届中国农业博览会金奖。

1995年3月，崔字香油获免检产品称号。

1997年5月，荣获第十四届潍坊国际风筝会农副产品博览会金奖。

1999年，崔字小磨香油被认定为99中国国际农业博览会金奖。

1999年12月，崔字香油荣获贸易部颁发的中华老字号光荣称号。

2001年11月，崔字小磨香油被认定为2001年中国国际农业博览会名牌产品。

2001年11月，被确认为全国打假维权重点保护单位。

2003年，崔字小磨香油荣获山东名牌。

2004年9月，崔字香油荣获2004年度山东省粮油行业（食用油）十大品牌称号。

2004年12月，潍坊瑞福油脂调料有限公司被中国食品工业协会授予2003—2004年度全国食品工业优秀龙头食品企业。

2005年6月1日，潍坊瑞福油脂调料有限公司被中国农业银行评定为信用等级AA+级。

2005年，潍坊瑞福油脂调料有限公司荣获2005全国企业文化建设工作贡献奖。

2006年12月，崔字小磨香油认定为山东名牌产品。

2006年9月30日，“崔字”牌荣获著名商标。

2006年12月，崔字香油荣获商务部颁发的中华老字号光荣称号。

2007年2月，崔字小磨香油传统技艺荣获潍坊市市级非物质文化遗产。

2007年4月，潍坊瑞福油脂调料有限公司注册商标“瑞福”评为山东老字号。

2008年9月，崔字香油在2008山东省标志旅游商品评选活动中评为山东省标志旅游商品。

2009年，荣获山东3.15名优企业形象和名优商品服务博览会优秀单位奖。

2009年8月，崔字小磨香油传统技艺荣获山东省省级非物质文化遗产。

①

①沈鹏给崔家香油厂的题字
②掌门人崔瑞福检验产品
③崔字牌小磨香油荣获“中华老字号”称号
④崔字牌小磨香油荣获“山东名牌”称号
⑤崔字牌小磨香油荣获“中国驰名商标”新闻发布会
⑥掌门人崔瑞福在“第七届中国连锁业会议”
⑦崔字牌小磨香油荣获“山东老字号”称号
⑧“崔字牌及图”荣获著名商标
⑨台湾富味乡董事长陈文南（中间）来公司参观学习

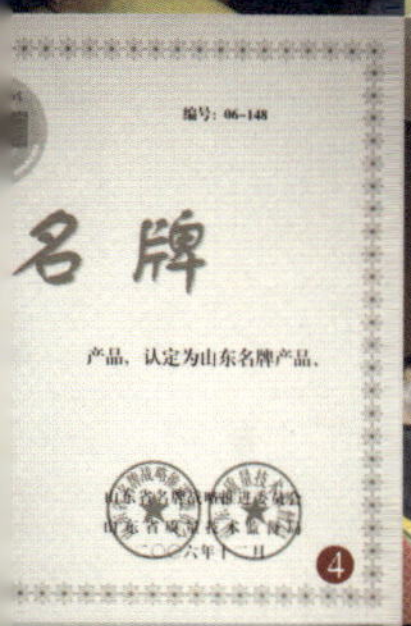

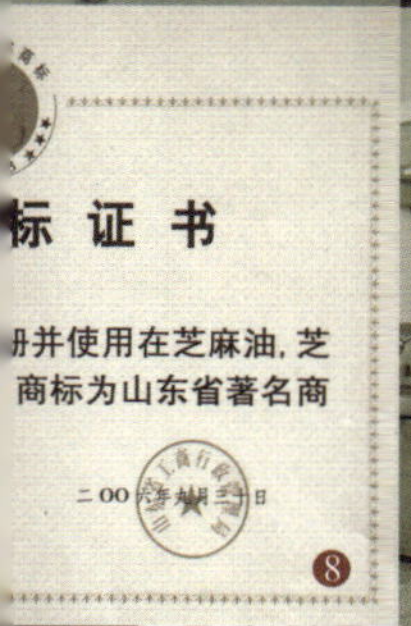

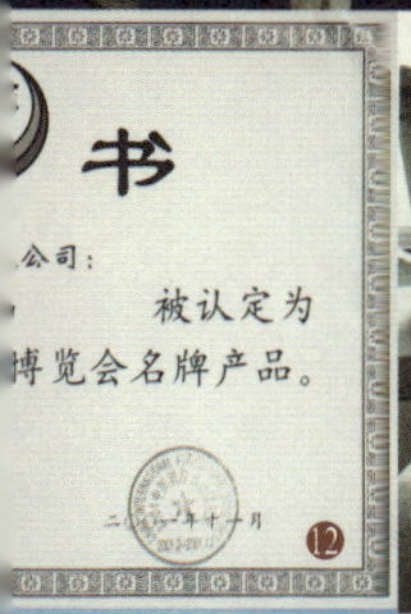

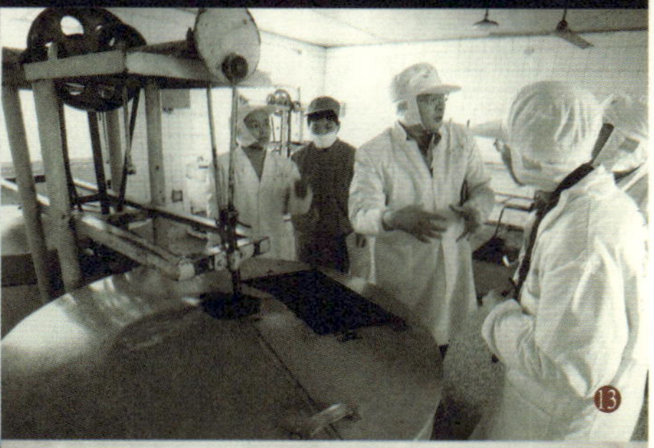

中华老字号

潍坊崔宇小磨香油传统技艺·独特性说明

⑩中国粮油学会油脂分会副会长李志伟（左）与崔信山（中）、崔贺庆交流

⑪崔宇小磨香油传统技艺获得潍坊市级非物质文化遗产

⑫崔宇小磨香油在2001年中国国际农业博览会名牌产品的获奖证书

⑬崔宇小磨香油生产车间

⑭潍坊瑞福油脂调料有限公司规划图

⑮崔宇小磨香油在1999年中国国际农业博览会名牌产品的获奖证书

⑯⑰崔宇小磨香油前期质检

二、崔宇小磨香油的独特性说明

（一）崔宇小磨香油品质的独特性

芝麻油，因取自芝麻的种子，故称为芝麻油。由于芝麻经焙炒后制作的芝麻油常有浓郁的芳香气味，因此在我国北方，人们称它为香油；在我国南方，人们则称它为麻油。芝麻在我国古代称为胡麻，又被称为油麻、脂麻等。北魏贾思勰《齐民要术》中记载：“张骞外国得胡麻。”宋代科学家沈括《梦溪笔谈》载：“汉使张骞始自大宛得油麻种米，故名胡麻。”《词源》芝麻释义说，“相传汉张骞得其种于西域，故名。”在三国时代，我国的劳动人民就掌握了用芝麻制油的技术了，陈寿《三国志 · 魏志》中记载：“孙权至合肥新城，满笼驰往……折松为炬，灌以麻油，从上风，火烧贼攻县。”那时的麻油是将芝麻籽用石臼法或木榨法生榨而成。

芝麻为一年生草本植物，胡麻科芝麻属。芝麻生长在亚热带和温带地区，中国芝麻产量占世界第一，主要产区为河南、湖南、湖北、安徽、东北、山东等地区。芝麻性喜温暖和日照充足，耐旱而喜湿润，忌水渍之害。芝麻的生长对土壤、积温、降雨量、日照都有特定的要求，这些条件对芝麻的产量、品质都有重要影响。

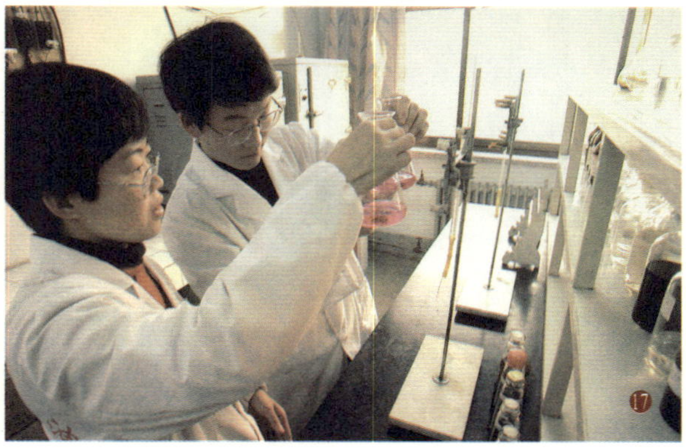

七八个县的范围，这一带土壤疏松，呈微酸至中性，光照充足，地面排水能力强，土壤气候条件均适宜芝麻的生长发育，所产芝麻油分大，味道纯正。据制油艺匠崔立福、崔恒山等人回忆，解放前许多老艺匠为保证香油品质，选购芝麻前要到地里看地势，看苗情，看穗秸，看地势，就是尽量选地势高燥，排水良好的土地，生长期内旱涝都不利芝麻生长，以不旱不涝为宜。在集市上选购芝麻，凭的是眼力和手感。颜色发白，鼓得如蚂蚁肚子的芝麻属上好，反之，颜色灰暗，不饱满者为次品；五指并拢伸直，往口袋里直插，手感滑溜，能插下去的为好。手感发涩，插不下去的为次品。许多香油老户采用春天订购的办法收购芝麻，以保证上乘的原料。

人类制取香油的历史悠久，目前世界上用芝麻取油的方式主要有水代法、机械法、浸出法三种。所谓小磨香油，是指芝麻经焙炒后直接用小石磨研磨、水代法加工而成的香油产品。水代法制出的香油香味浓郁，营养丰富，口味醇正。但制造时间较长，从芝麻烘炒到取油完毕约10个小时。且日产量小，劳动强度大，不易实现机械化生产。小磨香油与机榨油相比，有着明显的优势。

1

1.产品标准要求不同

目前，机榨香油虽同小磨香油一样执行GB/T8233—1987，一般消费者误认为，小磨香油和机制香油质量是一样的。但实际上，在国家标准里面，对两者还是做了一些不同的要求：

从色泽要求上说：小磨香油要求红≤11，而机榨香油要求红≤12，所以机榨香油颜色暗红，小磨香油呈棕红色，外观亮丽。

从有无析出物上说：在280℃加热试验，小磨香油要求无析出物，而机榨香油则允许有析出物，所以机榨香油外观相对于小磨香油发暗、发浊。

中华老字号

崔字小磨香油传统技艺·独特性说明

①黄河三角洲芝麻生产基地
②淘洗芝麻
③烘炒芝麻
④以水换油（水带法）
⑤崔字小磨香油生产车间

2.前处理工序不同

小磨香油的生产工艺是先将芝麻精选、色选，然后水洗，经水洗去除杂质及部分对人体有害的物质，再经两小时沥干。在两小时的沥干过程中，因芝麻吸收了充足的水分，所以芝麻种子处于萌发生长状态，经过生物呼吸作用，许多对人体有益的有机物质被激活，而这是评价香油功能性营养成分的重要指标。

机榨工艺只是经过简单的筛选后，即进行烘炒，芝麻种子因缺少前期的浸泡萌发过程，对人体有益的活性物质无法形成，从而使香油的一些特殊功效如保护血管、延缓衰老等功能无法发挥。

3.油分离的过程不同

首先是工艺不同。

小磨香油用水代法生产，此法主要是利用油料中非油成分对油和水的亲和力差异，并利用油水比重不同而将油脂与其他物质分离。对人体健康不利的重金属化合物因比重较大而沉淀至酱渣中，从而避免了重金属对人体的危害。

机榨油只是用物理的压榨方法把油强行挤出，所以芝麻中的重金属化合物易混入油中，形成潜在隐患。

部分机榨油由于压榨取油不彻底(油料残油仍含约10%)，厂家便采用化学溶剂浸出法取残油，而化学溶剂又清除不净，则导致化学溶剂残留。食用后危害人体健康，因此在国家标准中机制香油是不允许溶剂残留检出的。一般情况下为保留香油的香味，不会对这些浸出油再进行脱溶和精炼，但是此类厂家也深知浸出工艺对于香油风味的负面影响，所以在上市时，采取了变通办法：用小磨香油与机榨浸出的香油进行勾兑，用以减轻浸出油的危害，并以此提高机榨、浸出香油的风味，推向市场后就成了一般消费者难以区别的“小磨香油”，实际是一种对消费者的欺骗行为。

我国浸出法使用的溶剂以六碳烷烃为主要成分，是一个多种烷烃为主的混和物，其沸点62℃～85℃，这个石油馏分通常称为六号溶剂，其中烷烃占80.2%，环烷烃占18%，烯烃占1.6%，芳烃占0.7%，WHO／FAO(1970)指出：

浸出法使用的溶剂，市场上称之为商业已烷，是以六碳烷烃为主的“已烷馏分”，是一种混和物，溶剂轻汽油中，常因纯度不够，往往含有毒杂质如苯和多环芳烃等，多环芳烃中的苯并芘是致癌物质。由于香油是常年食用的食品，若被污染，会对人体健康造成极大危害，我国食用油卫生标准中规定浸出油溶剂残留量不得超过50ppm，这是从毒理学及生产工艺水平综合考虑的结论。

香油是一种直接生食油，在食用时不经熟锅，而是直接倒入菜中食用，这样如掺入有溶剂残留的浸出油，就会影响消费者的身体健康。

其次是温度差别。

小磨工艺油水分离的过程只有75℃～82℃，在这一温度下，香油中的主要芳香味物质及功能性营养成分几乎不受任何损失，同时此温度也最大程度上保留了VE的含量。

机榨工艺取油时温度高达245℃，在如此高的温度下，呈芳香味的物质和功能性营养成分大量挥发，从而使香油对促进血液、新陈代谢，对老年性动脉硬化、气喘等功效无从发挥。高温下，芝麻中的单糖与氨基酸发生反应，生成对人体不利的黑色化合物，同时此类化合物闻起来有一股焦糊味，从而影响香油味道的纯正。

4.过滤工艺区别

小磨香油采用天然植物纤维过滤，最大程度上保留了香油中的香味成份，同时影响香油外观的蜡质、磷质因其对植物纤维的亲和作用而附着于植物纤维上，所以采用此工艺处理的小磨香油外观晶莹剔透，久置也不会出现沉淀，能较长时间保持其色、香、味。

机榨油因含有大量的蜡质和磷脂，所以黏度过高，只能采用丝网过滤，而蜡质、磷质对丝网不具有亲和性，所以一块溶解到了油中，使机榨油外观发浑。

5.在食用上的区别

小磨香油口感爽、滑，香气四溢，余香持久；而机制香油则口感发黏、发滑、发腻。若用于其他食品，则其焦糊味影响食品的味道。

由于小磨香油的制取工艺最大程度地保留了其营养成分，特别是具有抗氧化作用的芝麻酚、VE等，所以其保持期较长，香味保持期较长。而机制香油则由于受高温高压的影响，具有抗氧化作用的芝麻酚、VE等破坏较多，所以相比较而言，其保质期较短、香味保持期不够长。

（二）崔字小磨香油与崔字麻汁

麻汁，也叫芝麻酱，起源时间还要早于香油，人们在发明香油之前，用石磨将炒好的芝麻研磨，使之呈黏稠浆状，加入饭菜中食用，也是上好的调味品之一。自古以来，做香油者必做麻汁，二者为姊妹产品。

崔字小磨香油的生产者在制造麻汁时，亦是独具匠心。一是在选用原料时与香油同样选取优质芝麻，不掺任何辅料。二是在芝麻烘炒时掌握适当的火候，其加热量比制作香油烘炒芝麻要小得多，既要使之溢出持久的香味，又要保全芝麻中所含的营养成分。三是其色泽、气味、黏稠度都有规定的质量标准和检验方法。

《神农本草经》和《本草纲目》认为：芝麻中含有丰富的蛋白质、铁、钙、磷、核黄素和含有浓郁芳香气味的芝麻酚，能开胃健脾、帮助消化、利小便、顺气中和、平喘止咳、降低血压及抗衰老。因为它含铁量高（每百克多达50毫克），并且芝麻中的卵磷脂，不但能防止头发变白和脱落，而且能润肤美容，保持和恢复人体的青春活力。

经专家测定，每100克芝麻酱，含铁量高达58～60毫克，比猪肝高1倍，比鸡蛋黄高6倍；含钙量比高温烘炒生产的芝麻酱高18%左右，高达870～900毫克，比豆类高3倍，比大白菜高14倍；蛋白质含量比瘦肉还高；具有浓郁芳香气味的芝麻酚含量，比高温烘炒生产的芝麻酱高30%，这是由于低温焙炒芝麻酚的芳香气味不受高温烘炒影响而挥发流失的缘故。

潍坊瑞福油脂调料有限公司采用“低温焙炒芝麻新技术工艺”磨制而成的“崔字牌”芝麻酱(麻汁)不仅将芝麻中的各种营养成分保留下来，而且经过磨制更利于人体对这些营养成分的充分吸收。

①崔字小磨香油产品
②芝麻酱成为在人们生活中的必备品

（三）区域饮食心理与百姓市场认同

潍坊餐饮文化向来十分兴盛，清朝时期，就出过一批名厨。其菜肴有家常菜、商埠菜、大户菜之分。家常菜是百姓家庭待客应酬的菜肴，以物美价廉为主旨；商埠菜是潍县城内酒楼所用菜肴，如福盛居、庆德楼、瑞兴楼、聚丰楼，各擅胜长，特色纷呈；大户菜，指丁、郭、陈、张等官宦地主家庭待客用菜。这些家庭都雇有名厨，选料制艺十分讲究，如吃公鸡，均选用童子鸡，带了拓爪，就不吃。吃海米，非“三月三”之后的“桃花米”不吃。潍坊宴席，融合了鲁菜系列代表——烟台菜和青州衡王府宴席的长处，经过数百年的演化，形成了自己的特色。

潍坊厨师认为，“香油是百菜之母”，甚至说齐鲁大菜，就是香油菜。调拌、做汤、做明油，都要用香油。凉拌菜、朝天锅、鸡鸭和乐，是潍坊三大名吃，其中以凉拌菜品种多而技术含量最高。而凉拌菜的制作，众人皆知诀窍之一是“花椒油打头”，即用香油熬花椒，弃花椒而用油。“打头”，即打头阵，就是最基本、最重要的佐料。而诸家香油中，潍坊厨师以崔家香油为正宗，视为上品。潍坊一带平民百姓婚丧嫁娶，家中盘灶请厨，列出采购菜单，上面必有“崔家香油”若干，潍县城内酒楼饭馆，达官贵人之家，更是由崔家香油户按时送货，非崔家香油不用。

据潍坊美食家姜林山先生介绍，潍坊“四四席”是明末青州衡王府里的宴席，“四凉”、“四热”、“四个冷烩”、“四个硬夺”，全用崔家香油入味。潍坊文史专家于家干先生介绍，潍县四大凉菜：拌辣皮、麻汁杂拌、炝芹菜、芥末鸡，全靠崔家香油出味。潍县人做菜，香油放得量大，做一锅酥锅，要放一斤花椒（香）油。蒸鸡时，要倒一瓶香油。有一道名菜，叫“一品驴肉”，传说是清朝乾隆年间宰相刘墉所创。先用香油爆锅，放入葱姜蒜，再放甜酱，放水，然后放驴肉、香菜，数次翻锅，出锅后再淋上一勺子香油，驴肉二次入味，自是别具一格。香油还可以造型，有一味菜叫冰糖燕窝粥，熬成后中间加一滴香油，如一轮明月，因此又叫“海底捞月”。潍坊厨师进京烤鸭，上桌前一定抹崔家香油，没有崔家香油不做。不仅上流社会青睐崔家香油，民间百姓吃面条、饺子、蒸包也要放崔家香油，著名的老裴家火烧、老胡家火烧，也离不开崔家香油。正宗的鸡卤春面一碗面条要放一两崔家香油。做潍县名吃鸡鸭和乐，炸卤料是关键一环，须放花椒（香）油二两。面馆里，跑堂的遇上熟人吃面，往往自我标谤地搭讪：“兄弟，吃出来么？这是正宗的崔家香油！”潍坊人对崔家香油的认可，自然来源于其内在品质，与曾经入贡的名声也有很大关系。当地“三大贡品”可谓妇孺皆知。青州府的蜜桃、弥河崖的银瓜、潍县的香油。有些老年人说起这三大贡品，往往以教训的口气对年轻人说，你知道么？青州府的蜜桃，是云门山底下南沟里长的，见了霜雪的那种蜜桃；弥河崖的银瓜，只是那一段沙滩十来亩的银瓜；潍县的香油，是城西崔家庄的香油，那是陈官俊背着进京的！

中华老字号

崔字小磨香油传统技艺·独特性说明

①青州衡王府牌坊
②潍坊美食家姜林山先生
③潍县四大凉菜——拌辣皮
④潍县四大凉菜——麻汁杂拌
⑤潍县四大凉菜——炝芹菜
⑥潍县四大凉菜——芥末鸡

3

4

5

6

解读

崔字小磨香油 传统技艺

中华老字号

崔字小磨香油传统技艺·原料与工具

一、崔字小磨香油传统技艺原料与工具

（一）原料

1

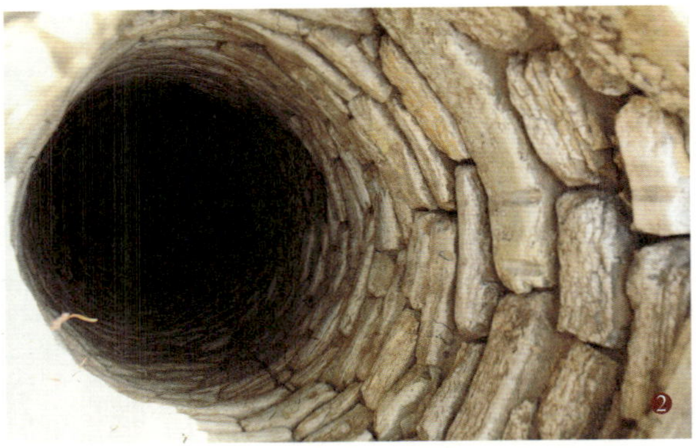

2

3

（二）工具

4

5

6

7

中华老字号

崔字小磨香油传统技艺·工具

①芝麻
②井水
③大于河水
④砂缸
⑤高粱秆盖子
⑥木锨
⑦风掀（风箱）
⑧葫芦瓢
⑨斗
⑩木桶
⑪柴禾

8

9

10

11

中华老字号

崔字小磨香油传统技艺·工具

①红泥盆子

②瓦锅儿

③镰刀、黍苗笤帚

④木制磨架

⑤墩油葫芦

中华老字号

崔字小磨香油传统技艺 · 工具

①刮板
②蒲扇
③芝麻耙子、筛子
④浅底炒锅
⑤大笸箩
⑥簸箕
⑦芝麻耙子

中华老字号

崔字小磨香油传统技艺 · 工具

石磨

石磨是中国人用于生活历史最悠久的工具之一。崔字小磨香油传统技艺的核心生产工具就是石磨，所以这一传统技艺具有展现民族文化创造力、维系齐鲁文化传承性的独特价值；石磨的应用在20世纪三四十年前还非常广泛，到今天在食品行业已经很难再见踪影，唯独崔字小磨香油还维持着传统的生产文化，对于石磨文化的传承具有重要意义，小磨香油传统技艺是石磨应用的最后传统行业，避免了文化的缺失和完全灭失的可能。

5

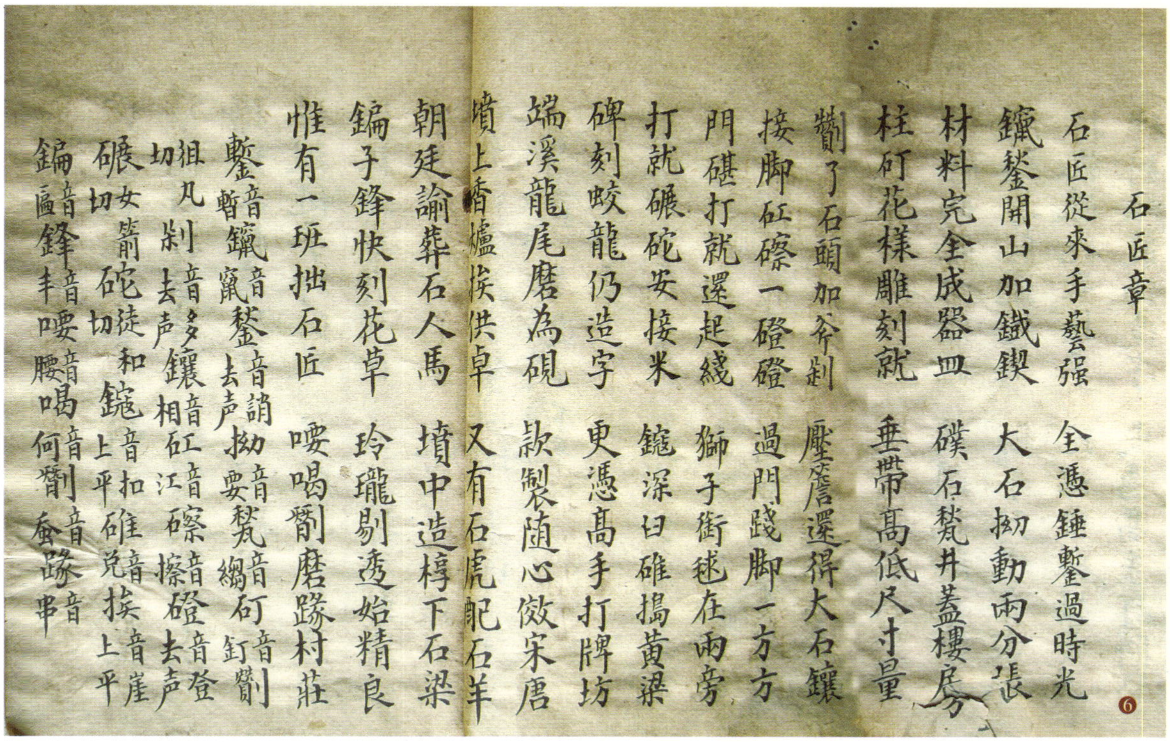

石匠章
石匠從來手藝强 全憑錘鏨過時光
鑹鏨開山加鐵楔 大石㧙動兩分張
材料完全成器皿 碟石梵井蓋樓房
柱砑花樣雕刻就 垂帶高低尺寸量
劉了石頭加斧剁 壓磨還得大石鑲
接腳砬磜一磴磴 過門踐腳一方方
門礎打就還起綫 獅子銜毬在兩旁
打就碾砣安接米 鑹深臼碓搗黄粱
碑刻蛟龍仍造字 更憑高手打牌坊
端溪龍尾磨為硯 款製隨心倣宋唐
墳上香爐挨供卓 又有石虎配石羊
朝廷諭葬石人馬 墳中造椁下石梁
鎬子鋒快刻花草 玲瓏剔透始精良
惟有一班拙石匠 嘤喝劉磨蹽村莊
鏨音暫 鑹音竄 鏨音詢去声 㧙音要 梵音綴 砑音釘 劉音劉
剁祖凡切 音多去声 鑲音相 砬音江 磜音擦 磴音登去声
碾女箭切 砣徒和切 鑹音扣上平 碓音兑 挨音崖上平
鎬音區 鋒音丰 嘤音要 喝音何 劉音腰 蹽音串

6

中华老字号

崔字小磨香油传统技艺 · 工具 石磨

①漏盆
②二把手推车
③煤油灯
④木制锅架
⑤磨油石磨
⑥石匠章

中华老字号

崔字小磨香油传统技艺·工具 石磨

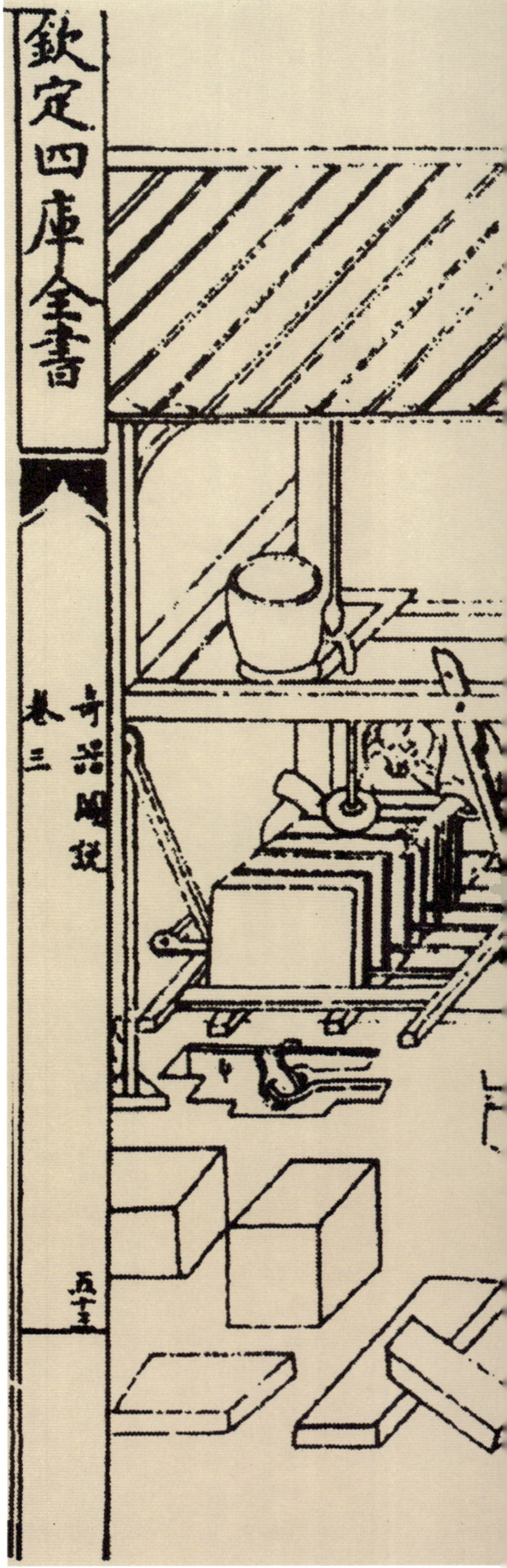

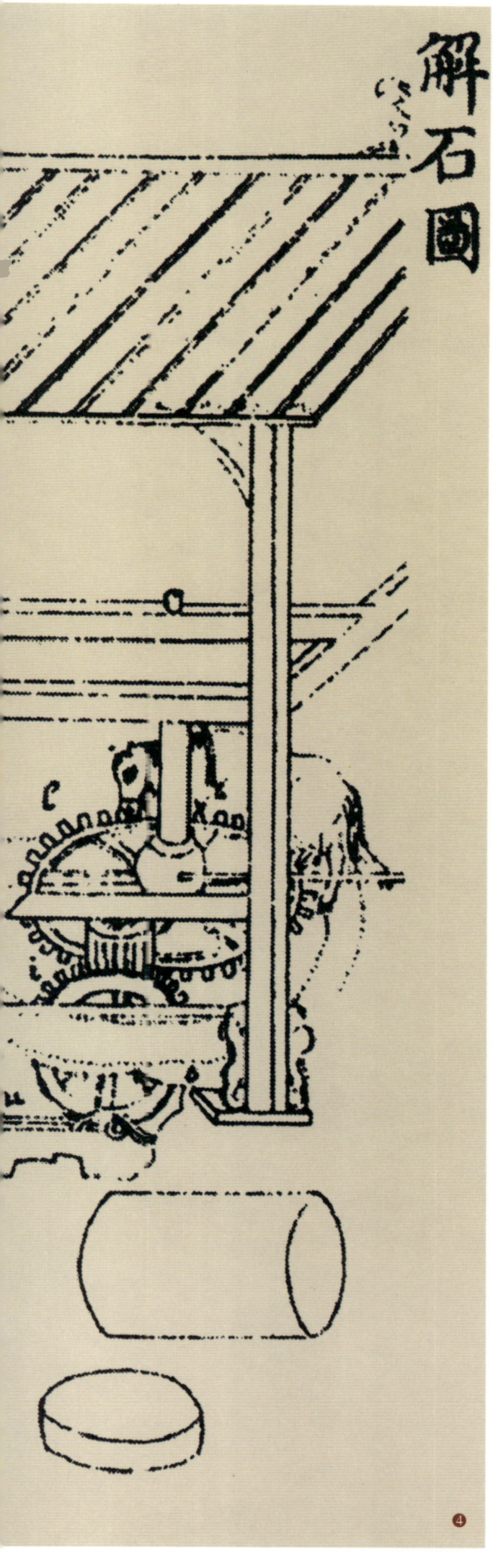

中华老字号

崔字小磨香油传统技艺 · 工具 石磨

石磨制作技艺口诀

磨谱

一指明油二指砂，
三指里面破芝麻，
膛里滚着双芝麻。

实眼下，副眼呕，
缺着磨匠一壶酒。

口紧一道箍，
不下带着粗。

外口松很大，
光响也不下。

里肘压外肘，
不下带着呕。

七穷八富九发家。

錾磨行话

这个饼真圆——好看不好使
你是哪路来的——水旱两路来的

（磨匠在外錾磨时，当地的磨匠会来与其说行话，若能对出，可继续錾磨，若对不出，则不允许在此錾磨，甚至没收其錾磨的工具。）

讲述者：崔守成、崔立山、崔兆贤、崔永山
整理者：孙冬宁、李成、刘晓倩

①錾磨工具
②磨匠在工作（宋兆麟摄）
③田野考察小组考察石磨
④解石图
⑤磨匠在錾磨

中华老字号

崔字小磨香油传统技艺·工具

二、崔字小磨香油传统技艺工序图式

1.选芝麻

要选用优质芝麻，即选用籽粒饱满如蚂蚁肚子、无霉烂、无瘪籽的芝麻。选芝麻一般有两种方式。一种是实地考察，一般选种植面积大的地方，黑土地为佳，易收购，芝麻价格便宜。芝麻从播种到收割要实地考察三次。首先，是5月份看出苗。其次是7月份看长势，一是看高矮；二是看生长的颜色，前期青为好，后期黄为好；三就是看芝麻荚子，荚子越多越好。第三次是看收割，看好后，找主人订货。另一种是直接去集市买，判断好坏用手攥，感觉较硬的是优质芝麻或用手插入装芝麻的口袋发滑为好，发涩为差。

2.取芝麻

取芝麻，用二把手推车把芝麻运到作坊，然后用斗称量，一斗24市斤，一次做72斤芝麻，把量好的芝麻装到口袋里放在一边备用。

3.取水

准备十个左右的大缸，春天秋天用大于河水，因为夏季汛期河水变浑，冬天河水结冰，所以夏天冬天多用井水，沉淀二十四小时后可用。

4.淘洗

将芝麻倒入大红泥盆中，加水搅拌后稍微浸泡，用竹笊篱捞出瘪粒及漂在上面的杂质，再将浸泡淘洗好的芝麻捞出放入底部有一个流水孔的大红泥盆中，淘洗的目的是去除芝麻中的泥沙、杂质及瘪粒。若不马上生产，可晾干，以不发芽为原则。

5.烘炒

浅底炒锅，上放一个半圆的“瓦锅儿”（大缸破后半边口的边沿），一次炒12—13斤，一人烧火并按翻炒人的指

中华老字号

崔字小磨香油传统技艺·工序图式

①勺子、起葫芦

②竹笊篱

③香椿树木杠

④选好的芝麻

⑤⑥工序图式——取芝麻

⑦工序图式——取水

中华老字号

崔字小磨香油传统技艺·工序图式

①工序图式——取水

②③④工序图式——淘洗

⑤工序图式——烘炒

挥控制火候，一人用芝麻耙子手动翻炒，芝麻耙子是一头装有耙头，似元宝状。大火炒干后改为中火，炒到起烟后改用小火，用手搓开呈栗子皮色或棕红色为炒好。炒芝麻用的是连灶锅，前边的锅炒芝麻，后边的锅烧水，水开后以备兑浆用。

6.出锅风晾

炒好后马上用簸箕盛出，立刻风晾降温，即用大簸箕将炒出的芝麻从高处缓缓倒入一个大笸箩中，再用蒲扇扇出芝麻灰。反复风晾降温，直到无烟为止。

7.过筛

用眼细密的圆筛子把炒好的芝麻中残留的较小的杂质去除，再用眼较大的圆筛子把较大的杂质去除。

8.研磨

用石磨把晾好的熟芝麻研磨成芝麻酱状的油坯，从磨上流到磨下面的一个大锅里。

9.兑浆

在盛有油坯的大锅中加入适量开水，加水按一定比例，第一次加70%左右，以后几次逐渐减少，一般分为4–5次。

10、搅油

用木杠不断搅动，木杠需选用无异味的木材，一般选用香椿木，边兑浆边搅动，直到听到“空锅声”油浸出。

11.（加葫芦）墩油

用墩油葫芦手动上下挤压，使香油在外力作用下不断从油坯中浮出。墩油葫芦是装有梧桐杆的葫芦。

12.撇油

墩油约半小时后，第一次用勺子撇出浮出来的香油，第一次约撇出总油量的2/3。

13.晃（hàn）油

抽出木质锅架底下的垫砖，手持把手不断晃动木质锅架，锅架形状按锅底的形状呈一定弧度，两头翘起，每端有两个把手，用来抬锅。晃动锅架，油锅也随之前

❶

后晃动。

14. 再次墩油

和第一次墩油一样，墩油和晃油可反复，一般为3次墩油3次晃油，用时约3小时，直至油完全浮出。

15. 沉淀

把撇出的香油集中放入大缸中沉淀，一般放20天左右，最低不少于1周，目的是把油中含有的少量渣滓清除出来。

16. 灌装

用葫芦瓢把沉淀好的香油装入槲条编的油篓里。

中华老字号

崔字小磨香油传统技艺 · 工序图式

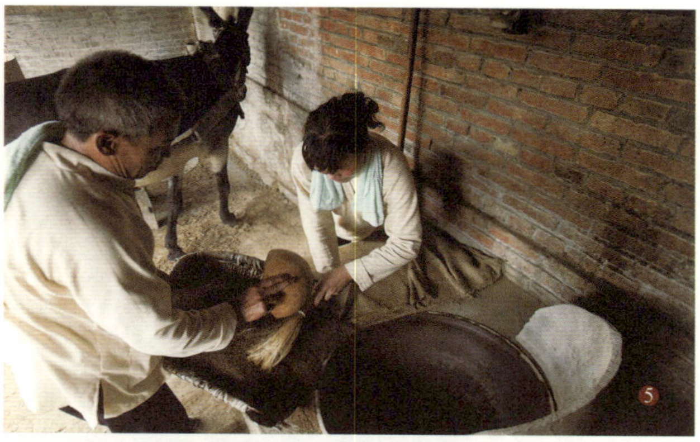

①⑤⑥工序图式——出锅风晾
②工序图式——连锅灶
③④工序图式——炒芝麻
⑦⑧⑨工序图式——研磨

中华老字号

崔字小磨香油传统技艺·工序图式

①工序图式——抬酱坯

②③④工序图式——兑浆

⑤⑥⑦⑧⑨⑩工序图式——搅油

1

2

3

4

5

中华老字号

崔字小磨香油传统技艺·工序图式

中华老字号

崔字小磨香油传统技艺·工序图式

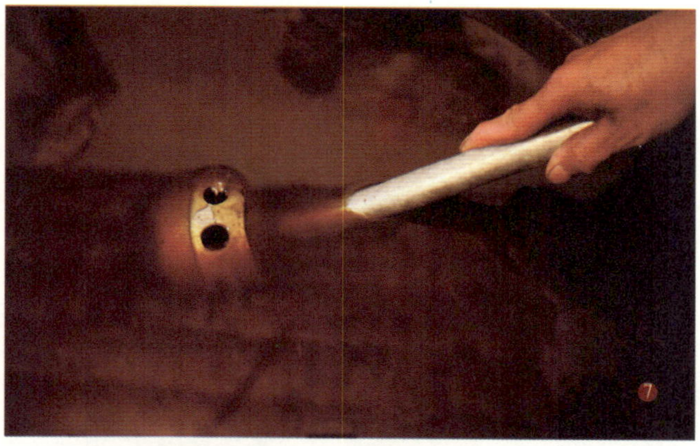

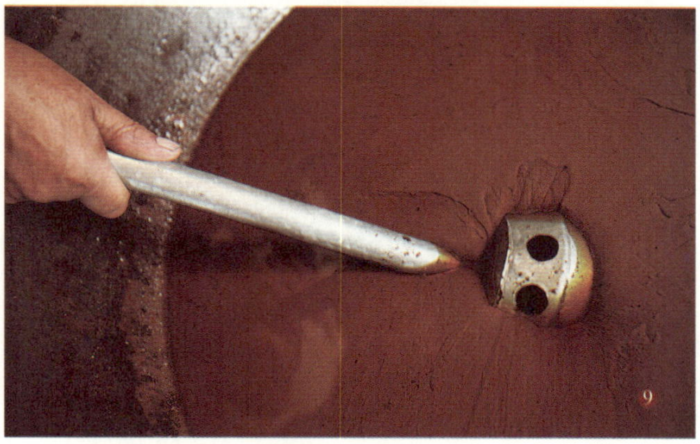

①②③④⑤⑥工序图式——墩油

⑦⑧⑨⑩工序图式——撇油

中华老字号

崔字小磨香油传统技艺・工序图式

1

2

3

4

5

6

7

中华老字号

崔字小磨香油传统技艺·工序图式

⑧

⑨

⑩

①②工序图式——晃油
③工序图式——再次墩油
④工序图式——再次撇油
⑤工序图式——沉淀
⑥⑦⑧⑨工序图式——处理香油渣
⑩工序图式——晒干香油渣

保护与传承的历时性分析

崔字小磨香油传统技艺

一、老字号作坊与销售

（一）调查情况表

1.“七七事变”前崔家庄香油作坊加工户调查表				
老作坊经营人	坐落位置	从业人数（人）	年产量（市斤）	本人后代是否进入崔家庄小磨香油集体企业
崔世诏	崔家庄西北角	2	900	否
崔广业	崔家庄前街西头路北	2	700～800	是
崔恩扬	崔家庄中街中段	2	600～700	是
崔象璇	崔家庄前街西头路南	2	700～800	否
崔丹诏	崔家庄中街路北	2	500～600	否
崔名扬	崔家庄前街西头路北	2	500～600	否
崔升扬	崔家庄前街中段路北	2	500～600	是
崔效宗	崔家庄中街西头路南	2	400～500	否
崔光诏	崔家庄后街路北	2	1000	否
崔兆泰	崔家庄西北角	2	1000	否
崔光亮	崔家庄中街中段路北	2	800～900	否
崔立诏	崔家庄西北角	2		否
崔善登	崔家庄中街路北	2	500～600	否
崔孔书	崔家庄中街东头路北	2	500～600	是
崔廷扬	崔家庄前街西头路北	2	500～600	否
崔发扬	崔家庄前街西头路北	2	200～300	否
崔荣登	崔家庄东街东头路北	2	300～400	有
崔泰扬	崔家庄前街东头路北	2	200～300	否
崔连胜	崔家庄前街南巷子	2	200～300	否
崔岐山	崔家庄前街西头路北	2	200～300	否

崔兰清	崔家庄中街中段路北	2	200～300	否
崔克俭	崔家庄中街中段路北	2	600～700	否
郭富昌	崔家庄后街东北角	2	300～400	否
崔立亨	崔家庄东北角东巷子北口	2	700～800	否
高玉珍	崔家庄	4	700～800	否

2.公私合营前崔家庄香油作坊加工户调查表

老作坊经营人	坐落位置	从业人数（人）	年产量（市斤）	本人后代是否进入崔家庄小磨香油集体企业
崔孔书	崔家庄中街东头路北	5	2000～3000	是
崔象经	崔家庄中街西头路南	3	2000	否
崔广业	崔家庄前街西头路北	2	1000	否
崔廷扬	崔家庄前街西头路北	4	2000～3000	否
崔言扬	崔家庄中街西头路北	2	1000	否
崔晋扬	崔家庄前街路北	4	2000	否
崔恩扬	崔家庄中街中段	3	1000～1500	否
崔升扬	崔家庄前街中段路北	3	2000～3000	是
崔信扬	崔家庄中街西头路南	2	1000	是
崔朋扬	崔家庄中街西头路南	2	1000	否
崔秀登	崔家庄中街东头路北	2	1000	是
崔岳登	崔家庄中街东头路北	2	1000	否
崔世诏	崔家庄西北角	2	1000	否
崔威扬	崔家庄中街西头路南	2	1000	否
崔德扬	崔家庄中街西头路南	2	500～600	否
崔道扬	崔家庄中街路南	2	1000	否

中华老字号

崔字小磨香油传统手工技艺·调查情况表

3.人民公社时期崔家庄香油作坊加工户调查表

老作坊经营人	坐落位置	从业人数（人）	年产量（市斤）	本人后代是否进入崔家庄小磨香油集体企业
崔世诏	崔家庄西北角	3	200	否
崔广业	崔家庄前街西头路北	2	200—300	是
崔恩扬	崔家庄中街中段	2	100—200	是
崔升扬	崔家庄前街中段路北	3	1000	是
崔象瑶	崔家庄中街西头路南	3	1000	否
崔光宗	崔家庄中街西头路北	2	500	否
崔道扬	崔家庄中街路南	2	600—700	否
崔孔书	崔家庄中街东头路北	3	500—600	是
高玉珍	崔家庄	3	2000	否
崔象经	崔家庄中街西头路南	3	1000	否

4.改革开放后崔家庄香油作坊加工户登记表

老作坊经营人	坐落位置	从业人数（人）	年产量（市斤）	本人后代是否进入崔家庄小磨香油集体企业
崔明山	崔家庄东南角	2	6000	是
崔福山	崔家庄前街东头路北	2	3000	否
崔立福	崔家庄中街东头路北	2	4000	是
崔兆忠	崔家庄后街东北角	2	4000	否
崔立树	崔家庄后街西北角	2	3000	否
崔有成	崔家庄南北街北头路西	2	3000	否
崔成吉	崔家庄西北角	2	2000	是
崔奎忠	崔家庄西北角	2	4000	否

崔奎华	崔家庄西北角	2	2000	否
崔有孝	崔家庄南北街北头路西	2	3000	否
崔永志	崔家庄西北角	3	4000	否
崔兆胜	崔家庄后街路南	2	5000	否
崔兆兴	崔家庄后街西头路南	2	3000	否
崔风山	崔家庄西南角	3	3000	否
崔立山	崔家庄北街路东	2	1000	否
崔义祥	崔家庄西北角	2	2000	否
崔永山	崔家庄西南角	3	1000	否
崔兆贤	崔家庄西北角	3	4000	否
崔高宗	崔家庄北街东北首	2	4000	否

5.崔字小磨香油老字号历史变迁

时间	变更名称	负责人
1953～1954年	崔家庄互助组	
1954～1956年	崔家庄初级社	
1956～1958年	崔家庄高级社	
1958～1981年	崔家庄大队副业	崔善言
1981～1988年	崔家香油加工厂	崔信山
1988年至今	潍坊瑞福油脂调料有限公司	崔瑞福

注：

1958年——1981年崔家庄大队副业各队负责人名录：

一队：崔立信　二队：崔银山　三队：崔灵登　四队：崔立福

五队：崔怀登　六队：崔有德　七队：崔执英　八队：崔兆贤

注：

1956年前崔家庄香油作坊加工户除以上老作坊经营人外，在有关历史资料中，还有以下部分老作坊经营人，无法得其详细情况。

崔表扬、崔银山

崔明福、崔立信

崔成忠、崔象为

崔云山、崔树田

崔成登、崔恒山

崔立宽、崔起扬

崔泰阳、崔启武

崔善登、崔保甫

崔光诏、崔怀登

崔官登、崔立亭

崔光亮、崔克俭

崔家贞、崔家治

崔英诏、崔德勋

崔兆和、崔立丰

崔立原、崔光宗

崔丙正、郭富昌

郭庆年、郭丰年

高玉升、高玉珍

高效礼、崔启恕

崔守仁、崔立福

崔兆忠、崔立祥

崔建国、崔家成

崔克敬、崔兆福

中华老字号

崔字小磨香油传统技艺·销售方式及组织

（二）销售方式及组织

从1958年公社化以前，崔家庄和香油都是自产自销，销售周期长于生产周期。香油户用槐木扁担挑着两只油桶走街串巷，边走边叫卖："香油来——好香油！""崔家香油！"也有的在扁担上吊一小汤锣，边走边敲，以作油担信号。必备的销售工具有油提子、油漏斗、秤、擦布等。自20世纪30年代有个别香油户骑自行车销售。

①

日伪时期，市场物价很不稳定。香油户按比价确定价格。买芝麻时，按"一麻二豆"，即一斤芝麻是二斤大豆的价格；卖香油时按"一油三麻"，即一斤香油是三斤芝麻的价格。崔家庄的香油市场信誉好，比别处生产的香油价格要高一点。

建国前后销售范围可达潍县周围十来个县，少量香油销往青岛、烟台、济南。有些香油户与城里饭店、酒楼等铺号联系。议定价格，定期送货，批量销售。

1958年至1979年存在的集体香油作坊，只为潍坊市油脂公司加工香油，不搞自销。油脂公司收到香油后，通过粮食局调拨各粮店、粮所，按计划供应城市人口，其供应标准为每年春节每人供应香油二两。价格由粮食局确定，销售范围为整个昌潍地区。

在集体加工期间，一些农户在家中私下做油，在当时属于违反政策的行为。一旦被查出，受罚受批。因此这些香油户的销售只能秘密进行"黑市"交易。一般一次只带几斤香油，伪装成走亲戚的到城里或农村去悄悄销售。也有的户骑自行车到昌乐、寿光、安丘、高密、昌邑、临朐等地的集市上私下销售。

改革开放以后，国家放开粮油市场。崔家庄香油户几处全部恢复生产，香油销售用自行车取代了挑担，销售范围进一步扩大。一部分香油户贪图利润，掺杂作假，少秤短两，影响了崔家香油的市场信誉。1981年6月，被山东省人民广播电台曝光批评。崔家大队党支部管委会一方面对香油加工户进行正面教育，帮助他们端正经营思想。另一方面，在潍城区工商局的支持下，统一制作了印有"潍城崔家第×号"字样的灰色服装。男的戴灰色解放帽，女的戴无檐帽。全村香油加工户登记建册，规定外出卖油必须着统一的服装，以示区别，也有利于消费者进行监督。统一着装大约有一年的时间，曾收到了较好的效果。后来，有些户在家穿上统一的服装，出庄后就脱掉收起，故态复萌，着装政策遂告失败。

②

③

①旧时卖香油图式
②2003年客户来公司验收现场
③王秀华副总经理为区政协领导讲解生产现场
④旧时香油坊招幌
⑤旧时香油铺招幌
⑥清嘉庆年间，崔字小磨香油送往宫中的凭证

崔家大队香油加工厂成立之后，产品得有注册商标，销售人员与生产人员分离，厂里成立专门的销售科，负责对外销售。由于产量增加，在潍县城里和附近县市设立了一部分代销点，并与各饭店挂钩销售，送货上门，包装趋于定型，产品销售逐步走上正轨。

1988年崔瑞福接手香油加工厂以后，十分重视市场开发，对市场的信息反馈灵活准确，市场占有率不断提高，销售额持续上升，企业获得了自主进出口经营权。到目前，在全国各地设立办事处30多个，崔字小磨香油正式进入全国各大连锁超市系统，并打入了国际市场，在非洲各国及日本、韩国、加拿大、美国等国家，都保持着较高的市场份额。

⑥

⑦

⑧

中华老字号

崔字小磨香油传统技艺·销售方式及组织

⑨

⑩

⑪

⑫

⑬

⑦掌门人崔瑞福在非洲与客户的合影

⑧2002年12月，家乐福质检人员(左三)来公司验收

⑨潍坊市人大党组书记、第一副主任李守王来我公司视察

⑩2003年3月，日本客户来公司考察

⑪徐州社区活动

⑫加拿大客户来公司参观考察

⑬绿色食品基地的领导来公司

二、师传有序的传承谱系与传承人

本表是在长期田野普查的基础上制作的，展示了几百年来，以家族、师徒方式传承的崔字小磨香油传统技艺的兴衰脉络。本表关于手工技艺的传承以传承人姓名表示出来，具有家谱的性质。每一代人开设的店铺字号名称，可以看出传承之间的沿袭关系。

中华老字号

崔字小磨香油传统技艺·传承谱系

①孙冬宁采访传承人崔信山

②田野考察小组采访传承人崔兆贤

③田野考察小组采访掌门人崔瑞福

④田野考察小组采访传承人崔信山

⑤崔氏族谱

（一）崔字小磨香油传统技艺传承谱系

崔字小磨香油传统技艺传承谱系

传承代别	姓名	性别	生卒年月	传承方式	从业时间	居住地址
第一代	崔泽世	男	1348—1432	创立	约54年	崔家村
第二代	崔承远	男	1382—1469	家族传承	约35年	崔家村
第三代	崔继忠	男	1424—1540	家族传承	约29年	崔家村
第四代	崔宽仁	男	1462—1548	家族传承	约30年	崔家村
第五代	崔代亮	男	1498—1576	家族传承	约46年	崔家村
第六代	崔邦恭	男	1525—1594	家族传承	约48年	崔家村
第七代	崔乙仙	男	1566—1638	家族传承	约50年	崔家村
第八代	崔应新	男	1597—1666	家族传承	约45年	崔家村
第九代	崔　瑥	男	1631—1705	家族传承	约36年	崔家村
第十代	崔万德	男	1670—1748	家族传承	约31年	崔家村
第十一代	崔存廉	男	1703—1780	家族传承	约33年	崔家村
第十二代	崔　岱	男	1741—1813	家族传承	约39年	崔家村
第十三代	崔凤顺	男	1778—1856	家族传承	约51年	崔家村
第十四代	崔　升	男	1801—1870	家族传承	约42年	崔家村
第十五代	崔怀璞	男	1828—1899	家族传承	约45年	崔家村
第十六代	崔文同	男	1860—1925	家族传承	34年	崔家村
第十七代	崔象轸	男	1883—1954	家族传承	39年	崔家村
第十八代	崔升扬	男	1903—1985	家族传承	67年	崔家村
第十九代	崔信山	男	1938年生	家族传承	52年	崔家村
第二十代	崔瑞福	男	1963年生	家族传承	21年	崔家村

（二）崔字小磨香油重要历史传承人物介绍

崔升扬（1903—1985）

男，潍城区崔家庄人。幼时家境贫寒。3岁丧母，6岁丧父，经祖母抚养，至7岁时舅父代养。未得入学，但聪慧过人，吃苦耐劳，十四五岁时已经能熟练操作各种农活。15岁与兄崔恩扬开设香油作坊，技艺日精，生意渐好，家境稍裕。1938年前后，兄弟分家，自办香油作坊。

崔升扬经营香油，自定“料必优、水必好、器必洁、秤必足”的原则，坚持诚信经营、质量第一，六十年如一日，在潍坊一带赢得良好信誉。在潍坊饭馆、食堂、药铺及居民中建立了一批固定客户。他以言必信、行必果为信条，坚持按时送货，风雨无阻。战争年代，曾数次为八路军送油，以解伤员疗伤急需。

崔升扬急公好义，乐善好施，在村中有“善人”之称。乡亲们遇到急事，借钱借银，他尽量满足要求，且从不向人索信。1946年，沾化一芝麻小贩来崔家庄卖货，被一伙兵痞绑架，他立即卖出芝麻交钱赎回，并送其回家。

崔升扬持家甚严，子女皆正直为人，勤劳立业。二子皆得其香油技艺传授，亦是做油能手。崔升扬要求子女恪守孝悌友爱，全家十五口人共同生活和睦相处二十余年，一直到崔升杨年届古稀时，长子迁入城区方各自分炊。崔升扬勤劳节俭，至80岁时仍然做油卖油，其制油时间长达六十多年，为崔字小磨香油传统技艺的重要历史传承人。

崔光亮（1896.9—1968.8）

男，潍城区崔家庄人。略识字。自幼跟随其父学做香油生意。其生产的香油纯正，买卖讲信誉。产品专供潍县大饭店、大药铺，口碑极佳。

崔银山（1916.6—2001.3）

男，潍城区崔家庄人。略识字。曾任过生产队长。自幼学习做香油，技艺精湛。且是多面手，既做香油，也能錾磨。做的香油讲究货真价实，诚信经营，信誉较好。每年做香油2000斤左右，香油以供应酒店为主。为人忠厚大方、助人为乐，在崔家庄錾磨从不收钱，外地人经常慕名

中华老字号

崔字小磨香油传统技艺·历史传承人物

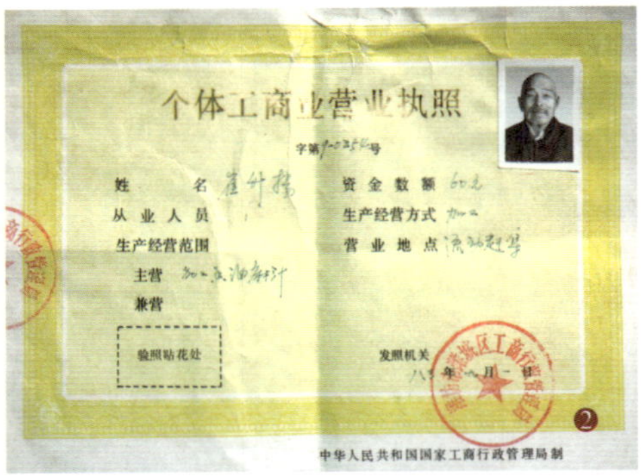

①历史传承人——崔升扬
②崔升扬的个体工商业营业执照
③历史传承人——崔银山（后排右一）
④历史传承人——崔世照的香油作坊遗址
⑤历史传承人——崔升扬的香油作坊遗址
⑥崔光亮在崔氏族谱中的排位
⑦历史传承人——崔道扬（前排左二）与家人的合影
⑧历史传承人——崔连胜画像

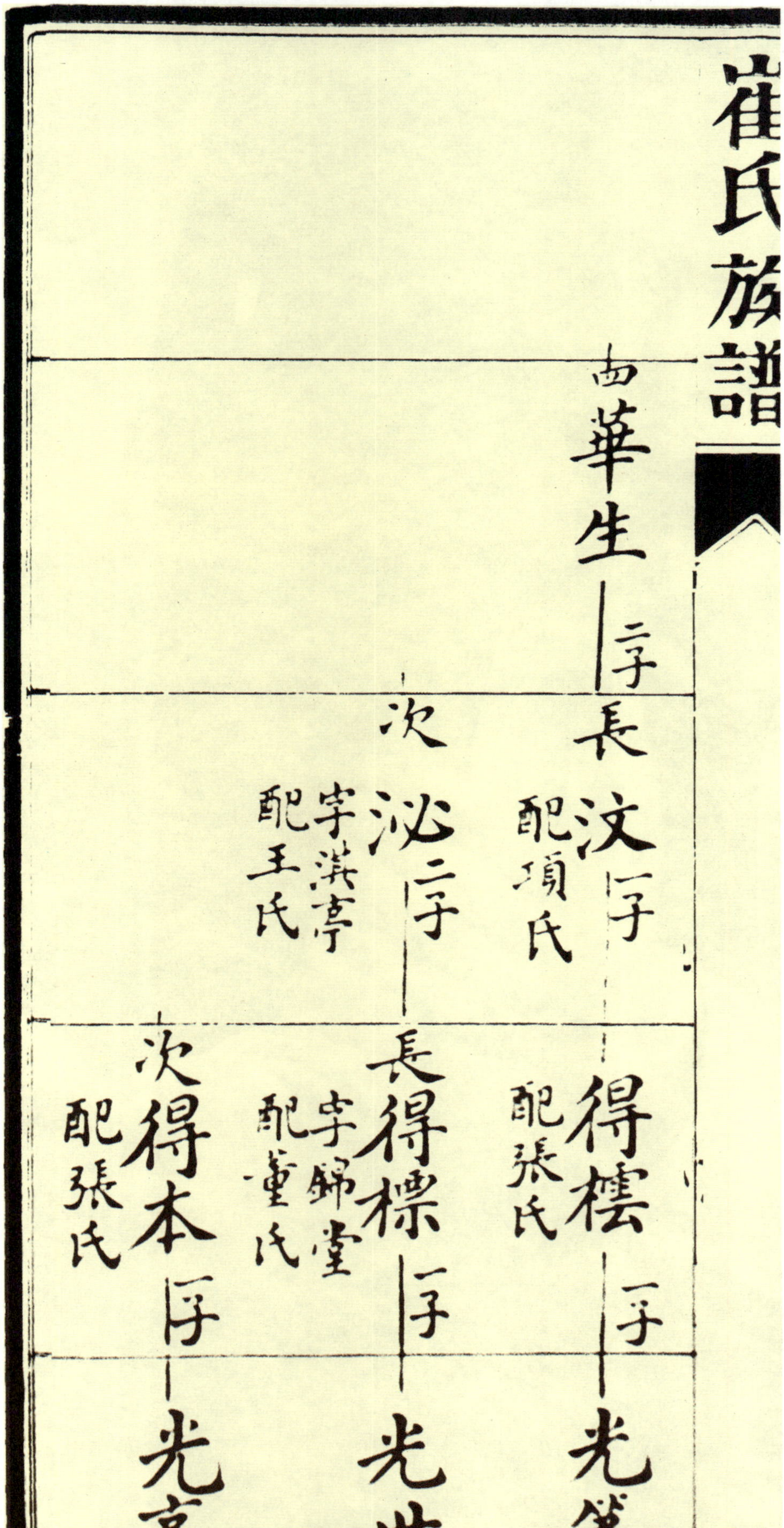
崔氏族譜
西
華生 二子
長 汶 一子 配項氏
次 泌 二子 字漢亭 配王氏
得樓 一子 配張氏
長 得標 一子 字歸堂 配董氏
次 得本 一子 配張氏
光第
光世
光亮

⑥

前来请其去给錾磨，并且在崔家庄以及外地培养出大批錾磨的徒弟。

崔世诏（1905.5—1972）

男，潍城区崔家庄人。自幼学习做香油，技术精湛，信誉较好。为人厚道，吃苦耐劳。常年用手推车到利津、沾河、广饶收购芝麻，供崔家庄香油户作为原料。

崔道扬（1916.9—1993）

男，潍城区崔家庄人，自幼从事香油制作，为人忠厚，诚信经营，做出的香油货真价实。常年赶集摆摊，供应酒店，销售区域广泛，安丘、寿光、昌乐都有崔道扬制作的香油。

崔连胜（1913.2—1993）

男，潍城区崔家庄人。自幼学习錾磨技术，技术高超。助人为乐，乐善好施，义务为乡亲錾磨。

⑦

⑧

掌门人档案

崔瑞福

崔字小磨香油老字号掌门人、传统技艺代表性传承人

山东省老字号文化遗产专业委员会理事单位负责人

崔字小磨香油"老字号"掌门人、第二十代传承人崔瑞福

（三）崔字小磨香油"老字号"掌门人、第二十代传承人崔瑞福

流芳百世 香飘万家

——记崔字小磨香油"老字号"掌门人、第二十代传承人 崔瑞福

崔瑞福，男，汉族。中共党员。1963年10月1日出生。山东潍坊潍城区于河镇崔家村人，硕士研究生。先后任街道办事处团委书记、司法助理等职。荣获"山东省新长征突击手"、"山东省优秀青年工作者"、"全国食品行业龙头企业优秀领导人"、"潍坊市尊师重教先进个人"、"潍坊市优秀共产党员"、"潍坊市青年科技奖"、"潍坊市优秀企业家"、"潍坊市优秀村（社区）党组书记"、"潍坊市农村实用人才"、"山东省食品行业评委"、"2009影响山东风云人物"等荣誉称号。

1988年至今在潍坊瑞福油脂调料有限公司（前身即为崔家香油加工厂）工作。先后担任厂长、董事长兼总经理。崔瑞福是潍坊崔字小磨香油的第二十代传人。

有道是，机会只是为那些准备好了的人。1988年，在潍城区城关街道办事处担任司法助理的崔瑞福毅然回到家乡，招标承包了村办香油加工厂。在竞标会上，崔瑞福凭年龄、学历以及对崔字小磨香油的历史熟悉程度、对企业先进的管理理念准确的阐述和把握、对未来的前景规划描述，力挫群雄，一举夺魁，取得了潍坊香油厂的承包经营权。在大多数人的思想还被禁锢在计划经济框框的年代，崔瑞福的理念和超前思维无疑是难能可贵的。他的聪明才智和心血汗水自此倾注于香油事业上。崔瑞福师承上一辈传下来的宝贵经验，尊重传统但又不囿于先人的框框，大胆革新，钻研摸索，在继承中突破。这一切，都与他先前在机关做调研以及研究生学习的经历有着必然的联系。

如果没有对传统工艺的了解和熟悉，没有对传统工艺经验的科学把握，要继续保持沿袭旧式作坊生产的小磨香油的传统质量和风味，谈何容易。在对崔瑞福的父亲崔信山的采访中，我们得知，崔字小磨香油一直享有盛誉，骨子里是因为把握住了小磨香油加工涉及的选料、加工以及贮藏等工艺流程的长期性、复杂性。传统经验可以良好地保证在原材料挑选乃至加工火候直到贮藏保存的把关，但无法解决现代化大规模生产的难题。此外，传统技艺的传授和学习也是一个难点，许多技艺是通过口传身授的方式进行着传承延续，要将其转译成科学的表述，都将相当耗时耗力且有相当的难度。

因此，当有条件使用现代化工具时，如何在对传统生产工艺经验充分理解的基础上，用现代工艺标准进行量化的把握，将其传统的质量风味也就是所谓的"神"给继承下来，就成了重中之重。

在谈到对崔字香油的传统技艺存在的社会价值等看法的时候，崔瑞福总结了简单的一句话，其宗旨和基础实际就是"最大程度地保留香油的营养价值"。作为已经发展成为现代化生产工艺流程的企业，这句话自然也道出了其核心竞争力所在。

知易行难，为了达到这个目标，崔瑞福没少下功夫。围绕着旧式工具，譬如石磨，就曾没日没

①潍坊市副市长辛孟宏、潍城区委书记张润国莅临公司指导工作

②掌门人崔瑞福在中华崔氏宗亲联谊会上

夜地琢磨和研究，反反复复修改图纸，一次又一次进行试造实验。崔瑞福认定，如果现代工具不能够保证原先的产品的质量风味特点，那么不是工具材料本身出了问题，就一定是在生产操作规范上需要进行改进。执着科学的理念和不服输的精神，就这样和设备改进较上了劲。汗水和心血凝结的日日夜夜就这么过去了，正所谓天道酬勤，辛劳不会白费，就这样攻克了一个又一个技术难关，工艺革新换代的步伐越走越快，越走越顺畅。

1990年在北京评比获得中华人民共和国农业部部优名号，开始销往海外，声誉日高。企业却丝毫没有为已经赢得的优异成绩而止步自喜，反而向着现代化目标迈开了更高更远的大步。1991年崔瑞福将传承了600年的用铁锅炒芝麻改为机动螺旋烘炒，将手工墩油改为机制墩油。并改进了石磨的转动方式。1994年，崔瑞福果断投资48万元，新上两台先进净化过滤器和三座静电离子沉淀储油器。投资180万元改造旧厂房，新建标准化车间，引入了进口自动灌装机。崔瑞福为实现他的“香满天下”的理想在生产产能上有了关键性飞跃。

在提升产量的同时，崔瑞福自然也没有忘记丰富企业的产品品种，吸收先进理念，增强市场营销能力，以抗击市场风险，提升企业盈利能力。

1998年企业改制，成立“潍坊瑞福油脂调料有限公司”，崔瑞福任董事长。与时俱进吸收健康生态环保的先进理念打造生产营销模式。

“老字号是块金字招牌，也是一个莫大的鞭策。”自打承包下小厂开始，擦亮和光大自己手里的这块老字号招牌，便成为崔瑞福毕生追求的目标。从秉承传统开始起步，与别家不同的是，在崔瑞福的带领下，崔字牌香油率先开始了现代化革新。为了清除杂质，崔字牌香油引进了现代化的筛选和清杂工艺及设备，可以将没有活力的芝麻、各种杂质清除干净，其效率和质量是其他厂家无法做到的。

近年来，崔瑞福和他的科研人员研制开发出系列高端产品：工业用香油、国外客户专用浅色香油、黑芝麻香油等。其中，在北京一家食品科研单位的帮助下，利用温控焙炒芝麻新技术，研制生产出的“崔字”芝麻盐含有一种既解酒，又护肝的特殊成分——芝麻明，攻克了芝麻明难以分解和极易破坏流失的一大难题，填补了国内以及世界上此项提取技术的空白。众所周知香油从食用到药用，有着广泛的用途。但具体都有哪些，那就未必是多数外行所能了解的了。

2000—2002年间，生产崔字小磨香油的沉重人工劳动已逐渐被机械化生产所代替。商品质量上去了，产量也跟上了，跟同类产品相比，有了足够的信心，那么摆在议事日程上最重要的就莫过于提高知名度，大力开拓市场了。而要让好产品走出去，使得更多的人认识和领会到自身产品的优势和魅力，就得在广告宣传和营销上下功夫了。

1989年，崔瑞福就开始在潍坊电视台上打广告，这是他上任后的第二年，当时的广告词“点滴之香，终身难忘”成为崔字牌开天辟地的头一轮广告攻势。然而，现在回忆起来，让人啼笑皆非的是，崔瑞福原来机关的同事亲自跑来关心地询问：是不是香油卖不出？怎么还做起广告来了？

从计划经济到市场经济的路是曲折漫长的，曾经有那么一段时间，多数人的心目中，大部分广告还只是在为卖不出的产品吆喝。崔瑞福以一位胸怀长远的卓越企业领导人的眼光，看到了广告对于企业产品所起的不可估量的作用和地位。“我记得很清楚，上个世纪80年代，山东只有一个名牌，那就是青岛啤酒。随后张瑞敏砸冰箱砸出个海尔来，再往后才有凭借广告起来的康巴丝、小鸭等。”崔瑞福告诉记者，崔字牌香油因此成了潍坊首个做广告的品牌。

也就在2000年以后，崔瑞福逐渐打开了市场销路，当产品进入超市之后，便开始大范围为产品进行广告宣传，并在全国各地建立营销网络，拓宽拓深市场渠道。

2003年公司紧随世界潮流，建立绿色食品原料基地，通过了“绿色食品”认证。打造出了崔字

①中央政治局委员、新疆维吾尔自治区党委书记、新疆生产建设军团第一政委王乐泉与掌门人崔瑞福在一起

②崔字小磨香油传统技艺研讨会时潍坊地方专家的合影

③省档案新馆中华老字号永久性展厅，掌门人崔瑞福与孙允明主任合影

④掌门人崔瑞福在非洲考察

⑤芝麻研究专家张海洋与掌门人崔瑞福、副总经理庞景升在一起

⑥掌门人崔瑞福与潍坊市委书记曹学成在一起

系列食品的质量、卫生、安全、营养、健康、绿色、无污染的品牌。

在崔瑞福发扬光大“崔字”的成功历史经验上，可以发现其清晰的脉络和骨干。作为一位成功的现代企业掌门人，崔瑞福已经站在全球化国际化的高度来看待自己的企业，从核心竞争力到企业方方面面的细节正视变革迎接挑战，严谨大胆、细致地规划和实施改进方案。

在崔瑞福眼里，从原材料进公司到生产的每一个环节都应该建立完整的操作规程和检验、化验记录，理应实现原料到成品的有据可依和可追溯性。因此，瑞福公司激流勇进成为全国同行业率先引进ISO9001国际质量管理体系的公司便不难理解了。这套体系的可靠实施无疑为“崔字”把握住了作为企业生命核心的质量关。从核心意义上理解，这和当年父亲崔信山讲述爷爷那辈的四“不”原则，精神上是相通的。只是，科技的飞速发展、观念的巨变、极具进取心的现代企业精神，已非前人所能想象和理解。

从2003年开始，瑞福公司导入了先进的CCS企业文化系统。从精神、行为、视觉、品牌等方面进行整合，全力打造“经典企业，百年瑞福”，全方位地提高公司形象。之所以会对此下狠心投入人力物力，自然也是源自崔瑞福独到而长远的眼光。走进瑞福油脂调料公司，通过优美洁净的环境，即可感受到他领导下公司的出色面貌。

良好的人才机制，自然也是企业成功保持领先不可或缺的要素之一。公司制定和建立了一整套完善的吸引人才的考核机制。公司每年至少组织6次大型培训，全面提升员工素质。公司的成功管理经验也成了管理课程的经典案例，在社会上获得很高的认可。崔瑞福被聘为山东几所大专院校的客座教授，经常去为学生讲课。

2009年10月9日，由山东管理科学研究院、山东省经济学会、山东省企业文化学会、山东省品牌建设工作委员会等联合举办的“庆祝新中国成立60周年暨首届‘影响山东风云人物’评选活动”圆满结束。经过四个多月的紧张筹备和评选，先后经过初评、网络投票、终评等环节，期间收到网络、短信、电话等选票360余万张。最终，经组委会、专家评委会严格审查、评定，从320多家报名人物中评选出了2009首届“影响山东60个风云人物”，排行榜已于当天揭晓。作为潍坊瑞福油脂调料有限公司董事长的崔瑞福赫然入选。如此结果，可谓是实至名归。对崔瑞福来说，这是他二十年来凭借出色的干劲和精神在残酷竞争的市场上打拼下一个又一个漂亮的胜仗的认可。能跻身60位山东省“风云人物”称号之列，其原因绝不仅仅在于领导的企业规模大小和利税多寡，绝不仅仅是因为他可以将一个小小村办香油加工厂发展壮大到营业额过亿这么简单。更为深层的原因，正如有人已经总结过的那样，是他能把握住作为现代企业生命线的核心竞争力，将企业文化作为企业发展的重点，吃透西方现代管理理念，融合中国传统文化，打造出一个具有自己独特企业文化的名牌企业，让一个延续了600多年的手工作坊的传奇，依托现代化的载体演绎出远超先人的影响力。崔瑞福对传统香油产业、香油文化的继承和发展有目共睹，而雄心勃勃的他，仍不满足于已有战绩而继续为更加宏远的目标奋斗。

2009 Calendar

（四）崔字小磨香油传统技艺代表性传承人口述实录

崔字小磨香油“老字号”第十九代传承人崔信山简介

崔信山，男，1938年出生，潍坊市潍城区于河镇崔家村人。小学文化。为潍坊崔字小磨香油第十九代传人。崔信山自幼跟随其父崔升扬学习加工小磨香油，技艺精湛。1973—1993年担任（大队）村主要负责人。1984年创办崔家香油加工厂并兼任厂长。

1985年崔字小磨香油先后荣获山东省、全国同行业产品评比第一名以及山东省优质产品、全国优质产品称号。如此荣誉，对于有着悠久历史、广为人知的传统名牌来说，似乎并不意外，然而回溯崔字小磨香油历史发展的一波三折，今天的荣誉可谓是来之不易。

作为从发端到现在已经延续600多年的手工技艺的传承人，崔信山或许无法追溯遥远祖先的艰辛和荣耀，但在他的记忆里，至少父亲崔升扬的形象是清晰可辨的。在他心目中，父亲务实而且勤奋，能干而且伟大。自幼跟随父亲学习香油技艺的他，自然也耳濡目染身体力行了父亲吃苦耐劳的理念与实践：“吃得越不好越好，干活越多越好。”1948年，崔信山11岁，潍县解放，老百姓生活日渐好了起来，崔升扬的小磨香油的生意也开始红火。此时崔字小磨香油已经畅销到昌邑、昌乐、益都、高密和胶州等地。然而崔升扬一点也没有因此放松对产品质量和道义上的标准，他常常语重心长地告诉子女，做生意要心正、诚实，要做到老不欺，少不瞒。做香油做麻汁要注重质量。崔升扬还制定了“四不”标准：买不到好芝麻不生产香油；用来做香油的水质达不到卫生要求绝不使用；盛香油的器具不干净不盛香油；消费者盛散香油的器具不干净就不卖给他香油。作为土生土长的作坊式传统手工技艺生产经营的这四点自律，事实上却与纯粹舶来品的现代经营理念不谋而合。“四不”的框架实际上分别从原料、生产与销售等环节以及卫生控制方面进行了规范，从而在根本上把握住了香油产品的生命线。令人惊异的是，第四个“不”实际上是在两方面起到了辐射作用，一方面鉴于半世纪以前人民群众卫生意识的薄弱，实实在在辐射传播了盛具清洁的健康观念；另一方面这一行动的潜台词也表明了商家对自身产品价值的严格维护，必然提升了其字号产品在消费者心目中的分量。

由于传统作坊式生产的局限，崔字的小磨香油产量一直都不大，在崔信山的记忆里，上一辈每日生产香油，虽然辛苦，但由于器具和工艺所限，全部工作只需父母两人即可完成。当然，产量自然也无法上去。在计划经济时代，崔字号的小磨香油即使是凭票限量供应也无法满足周边县市的消费需求。

“这样的生产方法一定要改，它太落后啦！”崔信山任党支部书记时如是感叹道。1979年当政策调整使得改进生产工艺和创业的机遇来到时，崔信山与党支部村委干部们便着手开始行动了，他们决定将原先的作坊改建成厂，利用崔家香油600多年的品牌效应，以厂带动全村凭借现代化生产方式来让传统的手工生产的崔字小磨香油发扬光大。方式是，在原来生产队香油加工作坊的基础上，注入资金成立崔家香油加工厂，以村办企业带动全村村民共同富裕。那一年，在村南划出八亩土地，新建厂房24间，成立起加工厂，崔信山兼任厂长，他利用自幼学到的加工小磨香油技艺，借鉴吸收现代科学技术，生产的香油当年产量达到了360吨，要知道，这一产量对于当时来说已经是相当高的一个数字。在崔信山进行作坊改厂的现代化进程之前，崔字小磨香油生产仅仅有过些微的改进——将传统的小石磨在直径和厚度上扩展成大石磨而已。改厂扩产后的香油质量保持了传统崔家香油的优良品质。当然，更加大规模的技术改造和现代化进程是在崔信山的儿子崔瑞福承包接管香油厂之后开始的，但毫无疑问，崔信山是继承和发展的关键一代。

“为了创香油优质产品，我整整奋斗了12年。”崔信山回顾创业时候的艰辛时这样说道。还在未担任党支部书记时候，崔信山就开始了奔忙，从区里到市里，再去省城济南，直至远赴北京。十多年间，创优质产品、打出品牌声誉一直是崔信山不曾改变的信念。为了确保香油质量，他和省市有关单位联系投资购入化验设备，建成一套完整的质量保证体系，结束了从自作坊式生产只能靠眼观口尝经验把关的历史，为实现现代标准化生产管理揭开了序幕。崔信山听取了市、区、乡的多方建议，亲手改进了香油的包装，并注册了"崔字"商标。值得一提的是，这是全国第一个香油商标。在崔信山的带领下，工厂生产经营管理不断拓深，香油的质量也有了长足的进步。1985年，崔字小磨香油先后在全国食品行业评比中被评为全国第一名，并荣获中华人民共和国农牧渔业部优质产品称号，1986年在北京农展馆、中华人民共和国国家出口优质产品展览会上受到国家领导人的好评，1987年山东全省优质食品行评中荣获山东省优质产品称号。1990年在北京评比获得中华人民共和国农业部部优称号，开始销往海外，声誉日高。

和接班人崔瑞福相比，崔信山在崔字小磨香油发展历史上处于传统工艺和现代化生产相衔接的位置。人的作为都是有时代烙印的，崔信山的青少年时光多半都是在接受传统工艺的熏陶，和二子崔瑞福大刀阔斧的现代化进程相比，他的步子虽然不是最大的，但却是关键的一步。

作为潍坊崔家小磨香油承前启后的重要传承人之一，崔信山对发扬光大潍坊崔家香油手工技艺作出了重要贡献。

1.传统技艺传承人崔信山口述实录

采访时间：2009年5月23日　　**采访地点**：潍城区崔家庄崔信山家

采 访 人：孙冬宁（略为"孙"）　　**被采访人**：崔信山（略为"崔"）

录音记录：于健、高洁　　**文字整理**：王晶

孙：崔师傅您好，感谢您接受我的访问。您这个崔信山是哪三个字，哪年生人？

崔：1938年3月17日出生，姓崔的崔，写信的信，大山的山。

孙：您祖辈都是崔家庄人吗？

崔：祖祖辈辈都在崔家庄，正宗的崔家庄人。我祖上从明洪武初年就来了，据我所知祖祖辈辈做香油，做的有多有少。据我父亲说，我老祖父也就是我老爷子他就做香油。我的祖父也做香油。父亲一生做香油，一直没间断过，一直做到1985年10月。我父亲是1903年生人，1985年12月26日去世，他不做香油100天就走了。终年82岁。

孙：咱们家里留有一些老照片么？ 比如说您父亲的，或者您爷爷的。

崔：父亲的倒是有，我爷爷那会儿的就没有了。我父亲3岁没了

娘，6岁没了父亲。旧社会没有父母，境况可想而知。我父亲很能干，也很伟大，对老婆孩子悉心照料，自己再苦，也不会对老婆孩子半点不好。我父亲吃苦耐劳的精神是那时定的性情，吃得越不好越要好好干活。很有不服输的劲头。

孙：是啊，那时凭一己之力去打拼，真的很不容易。您父亲怎么称呼？

崔：崔升扬。

孙：我们想了解一下崔家村的历史和农耕文化，您是否可以给我们介绍一下？

崔：好的。我们村关爷庙上有一块碑，碑文上写着“余尝见大隅河东崖药王疙瘩庙有石碣纪，乾隆五十五年（1790）三月间，麦被霜冻后得雨仍丰收，心窍疑之。距今百余年矣，辛卯三月十五日夜霜麦又冻，越数日，叶黄苞枯，其未朽者，百不获一焉，人心惶恐！至二十三日小雨，萌蘖复生；四月十六日又雨寸许，萌蘖尽秀，冻愈甚者而穗乃愈盛焉，迄熟登场所获，过于所期。乃叹，前人所纪者为不虚也”，还有几句我背不过了。

孙：您老的记忆力真好，这疙瘩庙是什么意思 ？供奉的是谁？

崔：疙瘩老母。就是人只要长疙瘩去疙瘩庙求求就好。疙瘩老母的碑上记载光绪十七年我们村的大学士叫崔重辉他写的。他写的意思是他曾见大于河东岸疙瘩庙碑上记载“乾隆五十五年三月，麦被霜冻后得雨仍丰收”，这件事从乾隆五十五年到光绪十七年（1891）接近一百多年了，他怀疑这个东西是不是真事，他经历的这一年的三月十五日上了霜冻，过了几天叶子黄了，人心惶惶，三月二十二日小雨复生，四月十六日结果比原来收获的还好，这就证明了这是个真事，水利就对农业生产有了很大的方便。

孙：咱这民间有许多节气方面的谚语吧 ？

崔：有，但是说不上来了。像枣树开花种芝麻，就说的咱们这个地方。

孙：这不就是关于香油的谚语吗？

崔：对，为什么崔家香油这么好啊，这个地方的芝麻好，再就是我们自己总结了很多经验。

孙：您做香油跟谁学的？

崔：我跟我父亲。

孙：香油质量保证的要领有什么？

崔：就说说芝麻吧，说白了香油的质量不外乎五大主题 。主要是原料，这里的芝麻出油 ，因为靠近黄河三角洲地带，芝麻喜欢油土。我们用的全是白芝麻，黑芝麻主要是药用。

孙：最后确定优质的芝麻依据是什么？

崔：主要是一看、二攥、三尝。挑选出饱满的、无霉烂、无瘪子。就是最好的了。

孙：这些芝麻都产在黄河三角洲吗，您父亲那会儿香油的总产量大吗？

崔：是的。那会儿平均每个月900斤香油 ， 一般一年做10个月，那会的900斤已经很辛苦了。

孙：您父亲做香油的时候请不请帮工？

崔：没有，就我父亲跟母亲。

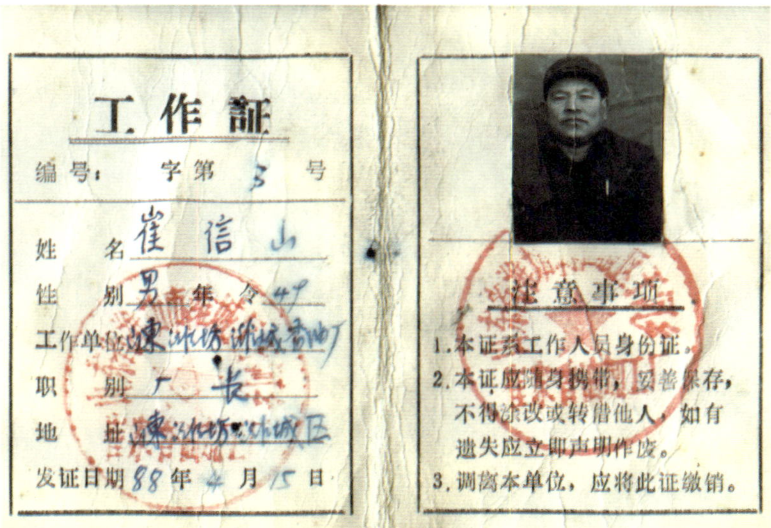

工作証

编号： 字第 3 号

姓　　名 崔信山

性　　别 男　年　令 47

工作单位

职　　别 厂长

地　　址

发证日期 88 年 4 月 15 日

注意事项

1.本证系工作人员身份证。

2.本证应随身携带，妥善保存，不得涂改或转借他人，如有遗失应立即声明作废。

3.调离本单位，应将此证缴销。

2.传统技艺传承人崔信山口述实录

采访时间：2009年5月24日、 2009年5月[illegible]日

采访地点：潍城区崔家村崔信山家

采 访 人：石军良(略为“石”)、刘[illegible](略为“刘”)
李国经、王珍

被采访人：崔信山（略为“崔”）

录音记录：李成、刘晓倩

文字整理：王晶

石：现在咱这个香油厂您负责吗?

崔：不是。我二儿子负责。

刘：您跟我们说说咱香油厂的历史吧。

崔：我先把这个香油厂的来龙去脉告诉你。我们现在的潍坊市就是原来解放初期一直延续到80年代的昌潍地区，昌潍地区包括哪些县市呢？包括临淄、昌乐、临朐、胶南、寿光、五莲、平度等14个县市区，我们归潍县管，叫昌潍地区潍县于河公社崔家大队。十一届三中全会以后，全公社55个大队，农副业33家，截止到90年代，只剩崔家香油一个，33个企业基本上有32个倒闭破产，有的甚至把命搭上。这就是咱这个地方的历史。我这个厂子建的时候太难太难了，当时建厂的时候一分钱没有。1988年，我家老二崔瑞福承包了这个厂。我们这个承包是公开承包的，通过县、市、区的领导参与承包的。崔瑞福是国家干部，是潍城区的城关街道司法助理兼团委书记。这个香油厂承包的时候，前前后后发生了很多事情。我是自愿帮忙，企业我一分钱也不要。他能干好就行，我也不干涉他，我是四个儿子一个姑娘，我不允许他们介入，家庭企业是搞不好的。我希望这个厂能做大做强做久。

石：做香油您得出山啊。

崔：是啊，我是奠基人嘛，我能帮就帮他。你先看看这个商标，这个商标是十一届三中全会之后全国第一个香油的商标。

石：现在企业已经改制了？

崔：改制了，是股份制。具体的我没过问，也不介入。不客气地说，我这个孩子很有头脑，很正。

石：现在咱们这个孙子辈的有在厂子干的么?

崔：没有。

石：这香油最早是源于哪呢?

崔：这个我没有考证，据人们一代代传说，但是我们的香油就是我们的祖先发明的。全国其他地区，像山西的、云南的、河北的他是不可能一致的。芝麻原产于非洲，张骞出使西域才传过来的，芝麻刚开始不是做香油使，是当饭吃。家谱记载上我们是1376–1388年间从山西来的崔家庄。

石：这芝麻不好种吧?

崔：芝麻涝，不见面；芝麻旱，收一半。种芝麻是有钱买种，无钱买苗，这就说明种芝麻的时候一定要准备好种子。再一个就是芝麻娇嫩，一误三不收。立夏芝麻小满谷，就是立夏种芝麻，小满种谷；秋村开花种芝麻；小麦发了黄，芝麻快种上；小满种芝麻，亩看一挂八；早种吃油馍，晚种三分薄，夏至不种油；头伏芝麻二伏黍。还有伏尾种芝麻，头顶一枝花；小暑芝麻大暑豆。再就是五月种芝麻正当时，六月种芝麻落一匙，七月种芝麻已失时。还有草荒减一半，苗荒不见面；想吃芝麻油，先破十字头。

石：有这么多谚语呢，把这种芝麻的时机说得清清楚楚的。那个十字头是什么意思？

崔：十字头就是播种以后，不是一下子把苗间得很好。而是先把密的地方弄个十字，就是先定苗，比如说定的20公分一棵吧，就是20公分以内都破了，长大了以后再定苗。一开始出来的时候这个芝麻就先把它十字花着，这里一棵那里一棵。就是芝麻很密吧，就先把这一棵出来，先把它拔出来，闪出这一棵它不就稀了嘛。最后从这四棵里正苗。还有一个土啊，就是下了雨了，干锄谷子湿锄花，不干不湿锄芝麻。

石：这芝麻该怎么炒啊，咱这炒叫什么名字？

崔：烘炒。这是小磨香油最关键的一个环节，炒的方法比较古老，一个人拉着风箱，添着柴禾。做香油的时候芝麻炒得比较老，熟而不糊，这是小磨香油最关键的火候，非常重要。

刘：怎么去把握它这个温度？

崔：总的来看就是一句话，万变不离其宗，就是那个火候，很关键。炒芝麻的时候熟了还不糊，原则上说就是棕红色；从外边看发灰，但是把芝麻碾开之后，就是棕红色。炒熟了的芝麻，很新鲜，吃在嘴里很酥，一嚼就碎。这里边，炒和磨是连贯的，你像芝麻炒好了炒酥了，磨起来很细，越细了出油多，后期使耙子拥，下边这个烧着火，上边这个耙子拥，锅的上头有一个瓮瓦箍，就是咱这个瓮钆了半边，放这个锅上。

石：假如这个是锅，放在这挡住。

崔：就是这个芝麻往上拥了以后，得返回来。

石：这半个瓮怎么解开？

崔：使锯割，往往这个新瓮不舍得割，就使这个旧瓮。

石：咱这烧的时候烧柴还是烧煤？

崔：据我所知很早就烧柴，农民种地嘛，多的是柴禾，使柴火炒出来的芝麻颜色好看，比炭好。炭这个火毒，急，炒的这个时间很急。烧柴禾一个小时烧出来，烧炭的话50分钟就烧出来了。

石：当时用的是多大的锅，几个人共同完成？

崔：八印，就是底比较浅的锅。一般两个人来完成，一个烧火的，一个拥耙子的。

石：大爷，这个耙子什么样，一锅一般炒多少斤啊？

崔：他这个东西耙头像元宝形状，耙子底和锅底是一致的，不一致的话就漏下芝麻来，推的时候必须往前全走，后边不能留下。一锅炒12斤。炒一回从开始到结束，一共炒72市斤。72斤芝麻炒6锅，为什么72斤呢？就是三斗，一斗24斤。

石：咱们炒的时候有没有诀窍啊？前边是文火，中间是猛火，最后再是文火，有没有这个说法？

崔：一开始生芝麻倒在锅里之后是猛火，火比较大。中间芝麻炒到不出热气的时候，这个火就小一点，就是下边的柴禾放得少一点，风箱拉得慢一点，这个火就不急了。继续再炒，最后就是熟了，这个时候柴禾再少一点，风箱再慢一点。

石：大爷，炒这12斤芝麻得用多长时间？

崔：最少也得三十到四十分钟。猛火、文火各占一半。炒芝麻很讲究啊，做出这个香油质量好坏、出的油量多少，和这有一定的关系。

石：炒完之后是不是还需要晾啊？

崔：不晾不行。用农村的大簸箕，使那个大簸萁，一个人用瓢挖，还得一个人来回的拨拉着芝麻，刚挖出来的芝麻还很热，拨拉着防止芝麻糊了。拨拉着起两种作用，一种是不让芝麻糊了，还有一种是把剩下的芝麻拨拉到簸箕里。使这个簸箕慢慢地往下倒，下边一个盆接着，为什么一次12斤呢？因为多了这个簸箕也盛不了。

刘：刚才说炒完之后得晾，是完全晾透以后才上磨的么？

崔：完全晾透，这就是小磨香油与其他香油的区别。晾好了以后就放到一个大筐箩里，如果两个人配合比较好，就可以这边炒着，那边就使驴来磨了。这么说着很简单，可是干起来就没这么简单了。

石：大爷咱再说说磨油。

崔：磨油就很讲究了。为什么小磨香油香？这个小磨香油使牲口拉，一分钟最多转两转，磨了下来这个油坯你一吃，基本上不热，温。石头不发热，磨下来和晾透的芝麻一个温度。再一个和这个磨有关系，过去推1500斤芝麻就得修一回磨。为什么修磨呢，你看这个磨，两脐磨扣着，接触的地方很小。推完了以后必须兑浆，兑浆这个水必须要烧开。

石：大爷我打断一句，咱们在磨的时候，酱出来了，咱们还需要把酱弄磨里再来一遍么？

崔：不用，一遍就行。

刘：倒芝麻的时候同时不加水是吧？

崔：不加水，加水是兑浆，过去还没有达到过滤的那个水平，那个时候就是自然沉淀。

石：72斤芝麻加多少水？

崔：原则上一斤芝麻加八两水，72斤芝麻加60斤左右的水，实际上这是奥秘。好芝麻加水少，因为是水代法生产，就是搅，使水顶出油来，这个搅就很有学问，行行出状元嘛。

石：这个水是一次浇进去，还是逐渐地浇进去？

崔：逐渐地，6到10次，还得看这个技术，技术高了次数越少。有个说法叫撑浆，撑浆就是加水过量的意思，加水过量了以后就不出油了，成粘粥了，不多不少，正好。这就是技术。我们崔家做香油，加水这个问题教媳妇不教闺女。这是整个小磨香油的精髓的技术，儿子娶了媳妇就教媳妇，闺女再大也不教，问也不教。什么都可以传，就是这个加水不传。

石：您再具体讲一下兑浆吧。

崔：这个兑浆也很讲究，首先是水的问题，我们这个水是大于河的水，水质非常好，我的父亲就是把大于河的水打到瓮里，放那里自然沉淀，再放到锅里去烧开，就向油坯锅里倒水，倒了以后再搅，搅匀了，这样加八次水，现在一斤油坯原则上加四两多水，原来16两一斤的时候加7两多水，这个芝麻含油量越多使水越少，这是个窍门，加的水越少，油的质量越好。加一次水搅拌一次，基本上就是两个小时完成，这个得看搅的快慢，跟体力有关。

石：出油跟搅快搅慢有没有关系？

崔：没有关系，最终还是加水多少和油坯多少的事，这是小磨香油技术的精华，刚才我说的教媳妇不教姑娘，就是这个不教，并不是加多了水更好，加多了就不出油了，加少了可以，但是出油少，加多了不可以，那就撑浆。使完浆以后，就把搅杠抹净，然后使那个葫芦墩，墩油 不断地震荡，那个香油渣子就往下沉，香油往上翻，起这么个作用。

刘：这个锅和炒芝麻的锅是一个锅吗？

崔：不是。这个锅是18印。锅底是个尖底，炒芝麻是个浅底。

石：大爷，咱加上水搅拌以后，墩油的时候墩多长时间啊？

崔：大约一个小时。大体上分三个阶段墩油。第一个阶段是头伙油，头伙油就是第一遍墩出的那部分。是用那葫芦刮。这边一个杆，这边俩眼，放进去之后那油就自动流进去。兑完浆以后叫墩油，简单说就是兑浆搅拌，再就是墩油起油，起了以后就倒了缸里沉淀，自然沉淀，卖的话就接着卖。

石：沉淀得沉淀多长时间？

崔：一般情况下15天，在沉淀当中也有一种诀窍，必须密封，放在缸里以后必须把缸封严，封不严是不行。

石：密封用什么工具材料？

崔：就是用草盖子盖上，那东西没有毒。我父亲是先盖上棉布再盖上草盖子，盖上盖子再盖上棉布，盖第一层棉布是防止草盖子往缸里掉草，再盖上一层是防止它跑味。

石：正常的话72斤芝麻到最后起了油，能起多少油啊？

崔：30斤左右。

石：咱们现在这个工艺从文字上说就是选芝麻到淘洗芝麻、烘炒、碾磨、兑浆、搅拌、墩油、起油。

崔：是的，这个事说起来容易做起来难。

石：咱们在起油的时候，从老辈子到现在没有人教咱们些口诀什么的？

崔：没有，这个东西，你同样是炒芝麻、墩油、碾磨，一家一个做法，它不像工厂里的机械化生产。从选芝麻到淘洗芝麻、烘炒、碾磨、兑浆、搅拌、墩油、起油这些步骤，一个人都能做下来。

石：咱做香油的有没有一个供奉的行业神？

崔：行业神没有，磨有，每年正月初十祭祀。对我们讲，正月初十祭祀石嬷嬷是非常隆重的，也就是说做的犒劳伙计，就是做好饭，干活的伙计都吃得喝得好好的，祭祀我们的石嬷嬷。

石：祭祀时有没有什么仪式？

崔：烧香，烧纸，烧元宝，给她老人家供上烧纸，包上酒、包上菜、包上烟、包上好吃的，有馒头、酒、糖、豆腐、鱼、鸡，这些本地产品。在院子里边祭祀。我们自己祭祀的时候，就是在公司院子的磨上搁上供品，在磨下里烧纸，烧元宝，一年一次。

石：供的时候有图像之类东西么，磕头吗？

崔：没有图像，只是一种传说，一种传统的东西。磕头没有限定，像我们的说法是今天是石嬷嬷生日，我们对您很尊重，祭奠您，希望您老人家保佑我们身体健康，保佑我们发财。

石：咱村没有一个石嬷嬷的庙什么的？

崔：没有，从我记事我们村只有一个石头牌坊，但是文化大革命砸碎了。再一个是有一个关帝庙、一个土地庙，土地爷，人死了以后都给土地爷烧香，让他带着去入土为安。

石：像咱们崔家做香油做得比较好，如果我是外乡人，我想学这个做香油，是不是还需要拜师什么的？

崔：没有，我们这个村非常好，不欺生，现在村里百分之八十的姓崔，但是来的这些外姓人，都是沾亲带故来的，不是盲目地来的，比如从姥姥家来的。

石：咱们村做香油的很多，有没有一个行会组织什么的？

崔：没有，都是各顾各的。解放初期有个组织，我大爷负责，给国家纳税，我大爷叫崔恩振，那人很仗义。1948年解放之后有这个组织，叫香油税组织，在香油这个行当里边，定期有宣传的。当时不是发展工业生产嘛，我们当地的政策非常好，收的税非常低。

石：大爷，在您记忆中咱们这个做香油什么时候最兴盛啊？

崔：解放前不是很兴盛，我38年生人，45年日本投降，我印象中兵荒马乱地大家都不愿意出去，那时候就是撑死大胆的，饿死小胆的，有很少人也卖香油。

石：真正最红火的时候是从什么时候开始的？

崔：解放初期以后一直很兴盛，一直到1956年，56年就是高级社了。在这个时间我们村是分四个生产队，捏（那）个就生产队做香油，解放初期54年前后啊，来了个生产高峰啊，全村都加工啊，那时候加工芝麻很丰盛啊。高峰期就是给国家加工了，给集体加工，那个时候个人也加工，个人也卖。

石：70年代末到80年代初那时候有多少户做香油的？或者说办厂子的？

崔：那时候木（没）有办厂子的，就是自已做，在做的时候捏（那）个时期就来了矛盾了，新时期发展了新矛盾，就是党的政策好。

石：刚解放时候是不是还多啊？

崔：多，解放以后到了二百五六十户吧，得有200户做香油的，他这个也是销售量吧，捏（那）东西跟现在一样，有的企业好，有的企业不好。54年前后啊，我们村里就出了一百多辆车拉芝麻。那时候都是个人做，个人和村里交涉，村里集体联系，然后再分到各户。火了几年，一直到58年以后。

刘：是公私合营以后？

崔：公私合营咱木（没）搞，咱村木（没）有公私合营。

刘：全是私人的？

崔：全是私人的，捏（那）时候活（和）工厂城市不一样，城市得吃饭啊，就公私合营，农村呢以农业为主，种地。在这期间不间断地干，从57年的下半年可以说到78年吧，我们村里也是干，就是给人家加工。

刘：那您说的这个时候是不是香油挺衰落的一段啊？

崔：捏（那）段也，我们村木（没）觉出衰落来。

石：咱们那个做香油传统的方法，现在有很多人不会做啊，这个原因是不是主要是机器生产？就目前来看厂子为什么都没人做了呢？现在做香油的少了吧？

崔：现在也不是很少。

刘：现在咱们村大概还有多少做香油的？

崔：全村有一半以上在做，目前大概得200户左右吧。村里普遍的都在做香油，整个崔家的香油很有名。

石：咱们做香油这么有名气肯定是有原因的？

崔：咱当地产的芝麻并不多。我们当地的这个水非常好。我们村在大于河两岸，要是打井啊就顺着河流的两岸打，非常好，原来的水就是很旺啊。

石：大爷，我再问您个问题，咱们再从头捋一遍，做香油的工具，从选料和淘洗开始列一下。

崔：可以。淘洗需要盆，两个大红盆，水缸，还用笊篱。笊篱捞了放那个红盆里，那个大红盆抬地高一点，盆上钻上两个眼，水就可以淌到这个水盆里。再就是炒，炒锅，烘炒就是一个大锅，八印锅，一个瓦箍，一个耙子，再就是风箱，手拉风箱。石头磨，磨笼。然后底下一个磨架子，大锅，十八印锅，还有锅架子。再就是兑浆、墩油。起油有油葫芦，现在就勺（shuo）子就行了。盛油的器具，那时候是油篓。油篓大小不等，最大的能盛100斤是多的，一般不用，一般就盛30斤左右。

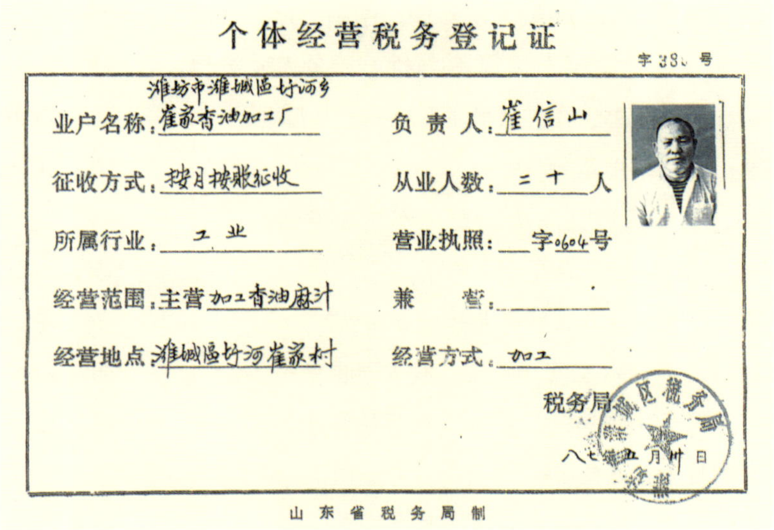

个体经营税务登记证

字 33… 号

业户名称：潍坊市潍城区于河乡 崔家香油加工厂　负责人：崔信山

征收方式：按月按账征收　从业人数：二十 人

所属行业：工业　营业执照：字0604号

经营范围：主营 加工香油麻汁　兼营：

经营地点：潍城区于河崔家村　经营方式：加工

税务局

八七年五月卅日

山东省税务局制

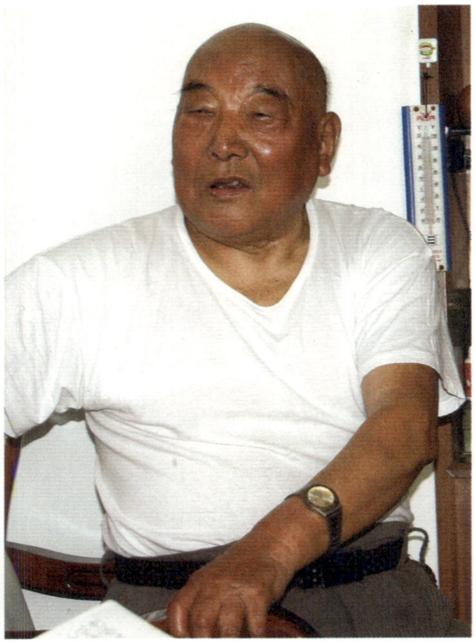

3.传统技艺传承人崔恒山口述实录

采访时间：2009年5月29日　　采访地点：潍城区崔恒山家

采 访 人：李国经（略为“李”）、王珍（略为“王”）　　被采访人：崔恒山（略为“崔”）

录音记录：刘晓倩、王珍　　文字整理：王晶

李：您能不能讲一下您上一辈、或您祖父辈他们的情况？

崔：可以。我父亲是弟兄两个，他是老二，叫崔升扬。他是3岁的时候，他的母亲，也就是我祖母就去世了，6岁的时候我祖父去世了。算是木（没有）爹木（没有）娘的孩子，就在我一个老奶奶的关照下长大的。

李：您父亲读书了吗？

崔：木（没有）读书啊，所以他就是立志要培养孩子。像过年贴对联啊。腊月三十贴对联，他和我伯父欢欢乐乐地贴上了对联，刚贴上以后，就有人说他们贴倒了，很不吉利。很多人耻笑他们。所以立志让我们家里所有年轻人都读书。

李：嗯，那您读到高中？

崔：啊，我读到高中。要是不参加淮海战役的话，那很可能我还是上大学了。

李：您父亲从什么时候开始做香油啊？

崔：他十五六岁就开始做。我大爷也做香油。那个时候庄里边的人都会。从开始做香油起，家里的日子就好些了。

李：您记事的时候家庭的情况咋样了？

崔：我记事的时候，家里就是忙着做香油.。我父亲他们弟兄两个做香油。做了四五年啊，以后来就各过过的，就分家了。分家以后就各卖各的香油，那时候那个油很难卖啊，这个销路供过于求。主要原因呢，就是这个崔家庄解放的时候，180户人家，180盘磨，也就是说180家都做油。就是不挣钱还图积肥。那个香油渣子那是有机的高效肥啊。

李：那时候他出去卖油咋出去？

崔：我听郭富昌和我说，那会儿父亲就有自行车了，这辆车是第三辆了。第一辆是崔兆贵的，第二辆是郭富昌的，我父亲没有说过，这是郭富昌和我说的。那个日本车子叫丰田牌，能带180斤芝麻。

李：那您小的时候，是见天做油啊，还是做一段卖一段？

崔：做油啊，做一段卖一段。一个就是城里边的饭店、酒楼；农村里呢，就是串街走巷地叫卖啊。他上城里送油，你需要多少斤油，都给你送，送到地再打价，所以用他的油都是他的朋友。我父亲这点是他的主要原则，就是说有饭同吃，有钱同花啊。别人困难时，他还会济给他。其他人也卖不过他，有的还使手段，往油里掺假。

李：嗯，这一点做买卖很难得。

崔：我父亲赊小，多了不能赊，小本生意多了赊不了，先赊给你5斤尝尝，觉得好的话，下一回我再算账。就像是先尝后买，

逐渐就开了销路了。还有到农村卖的，这个农村经济条件很紧，很节约吃香油啊，他不嘎少地（不舍得）拿着个瓶子口朝下一倒，他使这个筷子一沾，这支筷子包，永远待这个瓶子里，蘸出来，上锅里一搅，然后再把这个筷子原封原样地再插到瓶子里边。这个香油稀，带出来的少，他提回去的那个咸汤也好，菜汤也好，它稠，它倒回去的多，所以说越吃越多。

李：嗯，那会条件太差了。

崔：是呀，但是轮到我父亲的时候，一看他这个瓶子底下有些旧渣子，他就叫他倒了，倒的时候啊，他就说你看看啊，不用称了，有半两。其实也就4钱他就说半两，少多一点，也别和人斤斤计较，他就把他这个瓶子底倒他这个大瓶子里边，重新给他提上捏（那）一块。

李：用好香油换他那个掺老水的。

崔：对。他们也是想着奇怪啊，我的钱买的我怎么吃，你还管这闲事了，我也不嫌脏。父亲怕影响了香油的香度啊，不能不去管。

李：嗯，也是，您父亲那会儿有品牌意识了。

崔：是啊，后来在农村里边啊，一来了打油的，就先派孩子出来看看，"是您崔爷爷来了不？"哎，一看是，这就叫他拿着瓶子出来打香油啊，一看不是，他就不买了。

李：嗯，这样就认准了您父亲的油了。

崔：逢年过节卖香油的很多啊，都出来看看，还不是谁（崔升扬）啊，那个卖香油的就怪了，"你非买你崔爷爷的，别人的不能吃？那你崔爷爷死了你们就不吃香油了？"你说这个小孩怎么样啊？

李：嗯？

崔："你死了！"小孩子急了就回嘴，说他崔爷爷死不行啊。在外边卖着油，有时下小雨下小雪，大家都给送伞，尽管我父亲不用他们的伞，这样互相结下了感情了。那会儿有个结婚的买他3斤、5斤香油，他还送上半斤香油啊。说实话他到农村里卖香油啊，逢年过节的都等他的香油呢。那时农村都认他，在农村销路也就很广了。

李：嗯，就说这个人做事很活？

崔：哎，很活，意气用事啊。城市里边就是饭店啊，酒楼啊，还有就是一些卖油的小油店啊，都和他有密切关系。我举个例子，冬天下着雨，下着雪很冷，他给一个酒楼送油，到了十字口那一个饭馆啊，把他叫住想把他的油留下来，我父亲不卖啊，饭馆的人说："老崔，你朝啊，我饭钱也不少给你，你快倒上油快回家暖和去，你看你这鞋也泡透了，袄出汗塔（湿）透了"，他不听啊，我给人家送的，我得给人家送到啊，我先给你倒上10斤，哎呀，那饭馆的老板是奇（很）不满意啊，明天你再来给我送啊，哈哈……

李：咋说咋办？

崔：哎，到了饭店里，说，"哎呀，这个天你也来了？"我父亲就说："要不你不木（没）有油使了吗？"饭店还说呢："木（没）有油是木（没）有油啊，你怎么来的呢？""你不用管我是怎么来的啊，我不能多给你油，我帮你的忙也中啊。"所以这个买油的非常感激他。

李：嗯，非常意气。

崔：再一个是74年。

李：74年？那时文化大革命后期了？

崔：后期了。

李：74年还卖油？给哪里送啊？

崔：于家庄饭店啊，村办的。狂风越刮越大，我老母亲一发现他走了，她就叫孙子崔瑞福去撵（追）他，他和于家庄说好了去送油，瑞福劝他无效，瑞福就给他拔了气门心，放了气他就不能走了，结果他就待（在）地哈（下）切哈（躺下）了，"你不让我走，我也不回家去，切着（躺着）歇歇。"瑞福也木（没）有办法，说："你怎么走啊？""你不用管我，我朝东走它刮不到我西边去。"

李：那没有气他怎么走的？

崔：他捎着气管子，经常扎带。

李：那74年他多大年纪？

崔：大概72岁，他是85年12月26号去世的。

李：他一直干到啥时候啊？多大年纪啊？

崔：他一直干到他老，他82岁走的，80岁上还卖油。他待（在）这个城里边啊，所有用油的都是他的朋友，他都说，所有潍坊市用香油的都是我的顾客。

李：顾客就是朋友了。

崔：哎，那个时候就是潍坊用香油的，哪个角落咱也进得去。以后老父亲自己就忙不过来了，就加上信山，信山在我父亲这个基础上一帆风顺，厂矿、企业、部队，都用我父亲的香油啊。

李：您父亲教育子女严不？

崔：严，也打，他也是不嘎少（舍得）地打，尽管心疼也得打。

李：您兄弟俩木（没）分家，是他不让分啊还是你们不愿分啊？

崔：俺不想分啊，也木地（没的）分。

4.传统技艺传承人崔兆贤口述实录

采访时间：2009年5月24日　　　**采访地点**：潍城区崔家庄崔兆贤家

采 访 人：刘晓倩（略为“刘”）　　　**被采访人**：崔兆贤（略为“崔”）

录音记录：牟永川　　　**文字整理**：王晶

刘：您是哪一年生人？

崔：44年8月。

刘：您从小就一直在咱这个崔家庄生活是吧？

崔：哎，对对对。一生都在崔嘎（家）。

刘：以前您家里做过香油吧？

崔：做过。以前我父亲也是做油的。爷爷都是做油的。

刘：也做过。您父亲做？

刘：您还能记得您家最早是什么时候开始做香油的吗？

崔：最早我不记得，我听说的。好像是老爷爷那一辈，得有130年左右。具体我也记不得，反正老祖宗就揍（做）油。

刘：您爷爷叫什么名字？

崔：我爷爷叫崔执和。

刘：您爷爷当时做的时候那个日产量有多少呢？

崔：那时候产量很少啊，那时候他一天也就能做30斤油。那个时候吧，就是用牲口拉着磨，人工墩、搅。

刘：那当时做的时候有没有雇人？就是您家里自己，爷爷奶奶那样做吗？

崔：从我记事，就没雇人，以前我听说有，但雇人不多，大部分都自个儿做。很累那活。

刘：您父亲怎么称呼？

崔：崔炎诏。

刘：您爷爷当时做的时候主要是做那个白芝麻的香油吗？

崔：嗯，白芝麻。那时黑芝麻也有做，就是做得很少。

刘：您家做过吗？

崔：也做过。以前那黑芝麻是当药材。食用都是做白芝麻，好芝麻。

刘：您爷爷当时做香油的时候，那芝麻是从哪来的呢？是从哪买的，还是？

崔：当时那个时候吧，交通不很方便，远的得到利津、广饶捏（那）一块。北边这些产地芝麻质量好，也多。那当时去收这些原料的时候他是提前看好了，看好就在集市上买。要是联系的好吧，就上户里，就是以前就使牲口驮啊。

刘：大概一次能买多少斤？

崔：那个时候反正是没有很多的。一次你反正是买的话，几十斤芝麻就算多的。以前都使口袋，最多两口袋啊。

刘：您上学上了多少年？

崔：上6年，高小。58年毕业。

刘：那您毕业之后干什么呢？

崔：哎呀，毕业之后我干的多了。一毕业，我呆（在）的原来是大队啊，呆（在）大队里就集体喂猪来。

文：哦，喂猪。那是生产队？还不是吧？

崔：那是生产大队。

文：您是从什么时候开始学做香油的？

崔：我从60年。那个时候是集体，生产队里也做香油。就是集体，国家包活，那个时候“割资本主义尾巴”，还不准做来。不让单干，也有做的，那个时候是偷着做。

刘：哦。那会儿就不是个人各家做啦？

崔：那个时候吧生产队吧，做一部分。

刘：那您当时在生产队学做香油的时候，是跟谁学的？

崔：当时那有个队，我从64年就在生产队就干部，当时我学会的。师傅有个叫崔立诏，是跟我父亲一个辈的。

刘：您在学的时候学到什么样的程度可以自己来做了？

崔：它那个不和念书似的，它那个没有标准，那个做油吧，得靠眼观啊。先淘洗吧，把芝麻淹干净了，捏（那）个好学，再烘炒，以前烘炒吧，就拥着炒啊，有那个小耙子。芝麻用瓢挖铁锅里吧，拉着风掀（风箱）烧着火，两个人啊。

刘：两个人，一个烧火一个翻？

崔：一个这样拥的哈，一回炒十来斤芝麻。捏这（那个）吧就是眼观，看着炒到什么火色了吧。纯属经验啊。那个炒芝麻很快，一两天就学会了。也是靠多练多看。眼观吧就是一捻，捻开看是什么颜色的，就是看火候，主要是看火候炒芝麻。

刘：那第一步就是淘洗？

崔：淘洗，第一步。从集上把芝麻买到家，第一步就是用水先淘洗。

文：那要是买回来之后不马上就做呢？那个芝麻怎么储放？

崔：那个芝麻不是买回来就接着做。买这个一集的一天买的能做十拉（来）天。芝麻以前存放吧，都是存放在瓮里。

文：那淘洗怎么做？怎么淘洗？

崔：淘洗，以前吧使那个红盆啊。现在那个东西不多了，就是大红米（泥）盆 。直径1米左右吧，30公分深。淘洗用井水和活水（河水）。这一般的是，村东头就用活（河）水，这个西头就用井水。

刘：哦，它那个井水跟河水水质都一样的？

崔：嗯，水质都一样，夏天使井水。井水凉啊 ，他淘洗的那个芝麻，就是以前做的时候傍晚弄好芝麻，早上起来就淘啊。不用这个井水的吧，它一黑夜（晚上）就发芽。

刘：一晚上就发芽啦？

崔：就能发芽，所以使井水捞的就没事。

刘：哦，因为井水凉。它不发芽？

崔：嗯，对，不发芽。现在和以前不一个状况。

刘：那红盆先放水还是放芝麻？

崔：嗯，先放芝麻，再放水。倒上水吧，淘洗一两遍。

刘：咱一般一次能淘多少？

崔：一次的话就淘二三十斤。

刘：二三十斤，够这一次做的吗？

崔：嗯 ，一般一次做72斤。一次就淘洗二三十斤，它淘的时候吧，它上边还有个漏盆，也是个红盆，它底下有眼往下漏水。再往底下这个红盆是淘着，接着的这个就是使水泡着来。

刘：哦，那个淘芝麻的时候倒上就可以淘啊 还是要泡一会儿？

崔：倒上就可以用笊篱淘。

刘：哦，是圆形的吗？

崔：圆形的，后面插着杆。

刘：您家还有吗？

崔：现在有，是铁的了，以前是条子的。

刘：哦，底下盛着芝麻，上边也一个？

崔：嗯，底下一个，上边一个。把它卡上边，它控水嘛。

刘：那淘洗应该有去除什么吧？

崔：嗯，它有其他杂质可以漂出来，那些不要的也能漂出来，底下的土和沙子全漂出来。

刘：哦，跟那个淘麦子是一个道理了。那一般淘洗几遍？

崔：一般得2遍。

刘：哦，那淘到什么程度算是已经淘好了？

崔：没有杂质，底下都是芝麻，那种程度就行。

刘：它是先捞上头的，然后把地下那个水全倒掉之后再重新弄？

崔：嗯，重新放水再捞。

刘：捞完之后就放上边让它控水啦？就不用管了吗？

崔：得看着，不带水的就行了。

刘：哦，不一定非要让它晾干了吧？

崔：不用晾干，晾干的不好。

刘：淘洗完了之后就开始炒？

崔：嗯，淘洗完了之后，使铁锅烘炒。

刘：那铁锅有多大？

崔：直径六七十公分吧，使锅台架起来。

刘：哦，就是在地面以上支起来的锅台？

崔：嗯，做个四方的，这个面不是有四个角么，挡上一个叫瓦锅。

刘：哦。那个垒灶的时候先放一个瓦锅，还是？

崔：那个瓦锅是个活的，淘完了芝麻就去了，就是把它拿到旁边就行。

刘：那它那个直径应该比锅大吧？

崔：与锅的外径一般大。光挡着这半边，这边不挡，让芝麻回来就翻身。

刘：咱当时烘炒的时候是用什么工具？

崔：一根杆，是用木头做的个半圆形的，贴着锅底用，那叫芝麻耙子。

刘：耙子大概有多宽？

崔：这个长30来公分，宽是50多公分。

刘：它那个弧度正好和锅是吻合的吗？

崔：嗯，对。

刘：那杆也是木头的？

崔：对，都是木头的。

刘：哦，那烘炒的时候要注意哪几点？

崔：首先是烧火，刚开始用大火，都干了以后，就开始用中火，最后就小火。

刘：哦。那当时烧的是什么柴禾？有没有说是用哪一种燃料烧比较好？

崔：以前吧什么柴也烧，没有规定。也烧树根、草。冬天没有柴禾就烧煤。

刘：哦。那个烧煤和烧柴禾，炒出来的芝麻的香味是一样的？

崔：嗯，柴禾炒的比煤质量好点，煤的火毒（大）啊。

刘：对，那一般大火炒几分钟？

崔：一般都得十拉（几）分钟左右。大中小火，半个多小时。

刘：开始冒烟了，就用小火啦？

崔：没错，那会儿改用小火。

刘：那炒到什么程度算是炒好了？

崔：捻开这个芝麻吧，它这个颜色要跟栗子皮色似的。

刘：哦，那炒好之后要马上把它弄出来吗？

崔：嗯，上边盖着个板，这个板和锅台是连接的，炒好之后接个大簸箕。

刘：咱家现在还有吗？

崔：现在有个小的，以前的大，形状是一样的。

刘：哦，就是马上把它弄出啦？

崔：嗯，你弄慢了就糊，炒好马上就往外挖，一个使瓢挖，一个使簸箕簸。再是扫帚扫了。

刘：哦，扫帚是用什么做的？

崔：黍苗做的。

刘：咱炒芝麻那个大锅平常不用的话可以用来做别的吗？

崔：做完芝麻还得用来烧水。

刘：哦。把芝麻弄出来之后接下来的工序呢？

崔：晾芝麻用簸箕簸，红盆放下边接，得弄五六遍。

刘：往外弄的时候是不是烟很大？

崔：很大，晾个五六遍，等没烟了就换其他工序了。

刘：这算那个烘烤的那一步就完成了。

崔： 嗯 到这一步就结束了。

刘：哦。那下一步开始时怎么做呢？

崔：下一步就开始研磨了。

刘：研磨以前是用什么？

崔：使（用）石头磨。

刘：那个磨是固定的吗？

崔：是，就固定这个架子上。

刘：这个架子是木头的吗？

崔：嗯，木头的。架子底下接着个大锅，它磨下坯来，就往下淌到锅里。

刘：那个磨就在锅上面吗？

崔：嗯，在上头。那是有架子的，4个腿，磨在腿上面包着。磨上有眼，磨棍是弯的，靠着磨上，就这个形象。

刘：哦。那个锅是在什么地方？

崔：锅在磨架子底下，4个腿挡着。磨完了就把坯抹干净它，全抹锅里。

刘：噢，那这个锅直径应该比那个磨大？

崔：大，直径有90（公分）呢。

刘：那个锅是咱们炒芝麻那种锅吗？

崔：不是。比那个大，也是个铁锅。以前是单沿锅，现在都是双沿锅。

刘：哦。这样啊，这个锅底下要固定吗？

崔：底下弄几个砖就行。

刘：哦。这个架子上面还有一层吗？

崔：上面没了，就是平的。

刘：哦，咱这个磨咱家还有吗现在？

崔：有，现在是大的了，形状是一样，现在换铁的了。以前是长形的，现在是方形的。

刘：咱现在用的桶，就是一个地方往外出？

崔：嗯，现在有个台子，磨下来以后吧，然后烧开水。

刘：那咱以前做香油的老工具还有吗？

崔：那工具不多了，几乎没有了。

刘：哦，您家现在还做着香油呢？

崔：做着呢。

刘：做香油，你加水的比例是多少？

崔：没数，这东西。

刘：哦，也是靠经验是吧？

崔：嗯。72斤芝麻基本上就得72斤水。

刘：哦。一比一的比例？

崔：嗯，差不多。不是太准确，有的芝麻用的水多。

刘：哦，也得看芝麻？

崔：就是眼观，就是搅到什么程度吧，加开水。看着什么时候出油了，觉得差不离（多）的时候，就用瓢往里加水。觉得不行，再加，要是多了就不出油了。

刘：哦，水多了也不出油了？是什么原因？

崔：水多了，就打撑浆了，水油不分了。水少了呢，就少出。要是能看着正好，就能出得好，能出多少油就出多少。

刘：那加上开水搅的时候底下还用烧火么？

崔：不用，直接搅。搅匀了以后，出好油了，水也够了，这个油也搅匀了昂。搅匀了以后，油全上（去）面了。

刘：那您搅的时候，搅到什么感觉觉得那个水差不多了？

崔：搅的时候，听着哼哼的空锅声基本就行了。就是靠经验，没标准。

刘：咱那个加水的时候还叫什么？

崔：使浆。就是加上开水用木棍搅。

刘：原来就是用木棍搅？多粗的木棍？

崔：五六公分。最好是香椿芽木。

刘：哦。那是什么木？

崔：就是香椿树木。

刘：哦，为什么那个木好？

崔：硬啊，没有其他味。

刘：哦。就是要香椿的香味？用多长那个木头？

崔：一米一二。

刘：哦。一个人搅就行？

崔：嗯。一搅就一个小时，很累啊。

刘：那个水刚加上的时候，跟那个浆不是融合的吧？

崔：加完之后就搅，越搅越融合，水就吃进去了。

刘：是不是越搅越费劲？

崔：嗯。最后水加够了，也就轻了。以前很累人啊，现在换成机器了。

刘：以前搅的时候叫什么？搅拌？

崔：土话叫搅油。

刘：搅到空锅声就算是好了，是不？

崔：嗯，对。

刘：那搅好之后怎么办？

崔：搅好后用葫芦墩油。

刘：哦。那个杆用什么木头？

崔：一般是梧桐。

刘：哦。那这个杆没什么特殊要求是吧。

崔：嗯。轻快就行。

刘：墩油是什么意思？

崔：一墩油，油就上来了，杂质往下沉。

刘：那墩到什么时候算结束？

崔：你看这油里边没泡了。

刘：墩油是在锅里墩吗？

崔：嗯，是。

刘：那锅应该很大很深吧？

崔：不很深。

刘：那它那样墩的时候？

崔：它是转着墩。不是光墩一个捻儿（地方）。

刘：那样它不会往外溢吗？

崔：不会，那个锅很大，油在底下占一半。

刘：就是说，弄完浆以后里面的高度就是锅的一半？

崔：嗯，墩好了以后就撇油了。

刘：嗯，大概墩多长时间？

崔：半个小时吧。

刘：那挺累啊，那您是怎么知道那油都上来了呢？

崔：它有油了吧昂，你在里头就撇。不是一次撇净，大部分就撇一大半，出30斤，也就是撇20斤。撇出来以后吧，就不墩了。开始晃油，也叫晃油。

刘：哦，就是墩油墩得差不多了，再晃？

崔：嗯。

刘：用这个弯木头原来是这个原理。那这来回地晃，油就出来了？

崔：嗯，得晃半个小时，然后再用葫芦再墩。

刘：哦。现在用机器也是这样吗？

崔：嗯。用机器也是这样，撇撇，再晃，再循环，最快得4个小时。

刘：最快4个小时！那做香油最麻烦的工序就是这个费时间了吧？

崔：嗯，炒芝麻半小时一锅。

刘：炒芝麻半小时二三十斤？

崔：十二三斤 。炒六锅，炒芝麻特麻烦

刘：哦。一次十二三斤，六锅啊？

崔：嗯，六锅芝麻做一锅坯。

刘：哦。炒一次磨半小时，那6次也得3小时？

崔：嗯，3个小时，不停地翻芝麻，一停就糊了。

刘：那一共要墩几次油？才能全出油了？

崔：得3次。

刘：这墩半小时，晃半小时，一次就一小时？

崔：嗯，现在连墩带晃都得五六个小时 以前人工太累了，现在机器就方便多了，做一天相当于以前做一年。

刘：啊，这差距非常大了。现在是烧煤 那这个多少时间就好了？

崔：不是，还是眼看。

刘：现在是风葫芦吹的？

崔：嗯，以前是风箱。

刘：那您家里还有吗？

崔：有。

刘：炒芝麻的时候，翻的东西还有没？

崔：也没了，现在都不用了。

刘：那要那个梧桐杆跟葫芦完全密封？

崔：嗯。

刘：但是，葫芦里不是有种吗？

崔：那个没事，带着也没事，以前都种葫芦，钻眼都是找木匠做的。

刘：那以前其他的东西还有么？

崔：都没有了，用不着也就没要了。

刘：那这簸箕是什么编的？

崔：柳条的。

刘：哦。那跟以前的差不多么？

崔：以前比这个大。

刘：哦，现在一般一盘磨用多长时间？

崔：五六年吧，以前半磨使一辈子。

刘：哦，为什么这样？以前的好？

崔：不是，以前做得少昂。

刘：哦对。您爷爷以前做的磨是什么样的？

崔：是小的。

刘：那现在用什么装油？

崔：油篓，现在是铁桶。

刘：哦。用什么封？

崔：以前是油布。

刘：哦。那油篓能装多少？

崔：大的四五十斤，小的二三十斤。

刘：那以前卖哪?做的香油。

崔：都是卖潍坊那儿。

刘：那是零卖还是批发？

崔：也算是批发吧。

刘：那以前去送的有固定的吗？就是我给你送就一直送？

崔：得有主户。

刘：嗯 ，下乡也卖？走不了很远吧？

崔：嗯，就是以前，青岛、济南都有。

刘：那一次送不太多吧？

崔：嗯，以前是担子挑，多的送不了。

刘：那个扁担是什么木头做的？

崔：以前就是黑槐。那个韧性比较好，那个篓托拴到绳子上。

刘：哦，还要在篓口之上封住，再接扁担上？

崔：嗯对，最多带两篓。

刘：推磨使什么？

崔：那时候还使牲口。

刘：那您爷爷做的时候你家那香油怎么称呼？是叫店的名字，还是作坊的名字？

崔：以前的香油吧，都是人名。

刘：哦，比如说我买你家的香油，就是崔什么家的是吧？也没什么名啊？

崔：没有，大多都没有。

刘：这的气候不太适应芝麻生长了。那咱现在的是从哪进的？

崔：非洲。国产的也有，很少。国产的就是湖南、湖北。

刘：那您觉得在什么样的环境下？什么地最适合种芝麻？

崔：这个种芝麻，俺以前种的，这个最好的就是黄河流域和沿海，东北产的质量也不错。

刘：咱这个地区历史上有什么自然灾害么？

崔：这个我记得49年发大水，但是没太大影响。主要因为这个地方地势高，以前下冰雹是正常的。

刘：不是听说就是刚过年的时候咱这还下过一次是吗？

崔：嗯对，不大，一粒粒的。它不像旱灾。

刘：咱这地方，一般种是种什么东西？

崔：种小麦、种玉米，也种点果树，像苹果、桃树。

刘：您去选芝麻的时候，您怎么辨别芝麻的好坏呢？

崔：就眼观，好芝麻，圆，不好的就瘪，还得看地区，比如丘陵地区和平原出的油就不一样，丘陵的少。

刘：内（那）个芝麻的出油率高低，您一看就能知道是吗？

崔：嗯对，看着圆，皮薄的。

刘：哦。咱现在炒芝麻用去皮吗？

崔：不去皮，带皮，那个出的杂质就是皮。

刘：刚才说到晃完油，油都撇出来以后摆那就行啦？

崔：不行，得沉淀。大约得15天的时间，把那些杂质都沉到底下去。

刘：也就是说，咱往外撇油的时候也会把杂质弄出来，然后就储存在大桶里？

崔：嗯，现在沉淀了之后还得过滤。

刘：以前看那个卖香油的有现磨的。

崔：嗯，现磨的有杂质，它没经过沉淀。

刘：哦。您觉得咱这个崔家庄的香油跟别的地方的有什么不一样么？

崔：工艺年限长，经验多。再一个吧，它们古老，原料好。

刘：在工艺、工序上，跟其他地方有什么区别么？

崔：没有多少区别，都是差不多的。

刘：哦。那您说您那个，是60年在大队跟人家学做香油的吗？

崔：在生产队里。

刘：当时跟您一块做香油的那些人的名字您还记得吗？

崔：记得。只是都不在了。像崔光宗、崔兆泰。

刘：哦，这些人比您大么？

崔：大，现在算的话都100多岁了。

刘：那应该也算是，按照师徒说的话也算是您师傅那一辈的了？

崔：嗯，这些人解放前就做了。

刘：哦，在家里也做，那集体做的时候他们个人也做吗？

崔：个人也有，不是我说了嘛，偷着做。开放了以后，个人就做开了，78年以后就做多了。

5.传统技艺传承人宋建成口述实录

采访时间：2009年5月26日

采 访 人：李成（略为“李”）

录音记录：刘晓倩

采访地点：潍坊瑞福油脂调料有限公司

被采访人：宋建成（略为“宋”）

文字整理：王晶

李：宋师傅您今年多大年纪了？

宋：69还多了，41年的。

李：这几天我们一直在采访我们厂、包括村子一些会做香油的一些老传承人、老师傅，其中提到一个香油的出油量、香油质量的好坏，由这个石磨起了一个很大很大的作用？

宋：哎，对的，以它为主要。这个石磨的好与坏直接影响出油量和油的质量。

李：所以说这是一个非常关键的环节，我们想采访采访您关于石磨的情况。

宋：哎呀，这个东西呢木（没）有什么理论啊，按照那个实践吧，需要它，一个是斜度，一个是深度，还有一个是平不平。

李：宋师傅，您是从什么时候开始錾磨的，哪一年？

宋：錾磨，我光待（在）这个地方就二十年了，我是86年来的这个厂。我木（没）进来我就錾磨，原来这个厂待（在）村里，我是跟着过来的。村里的想搞这么一个实验，试制了二年啊，觉得挣钱，所以上这来开的厂子。我是83、84年学錾磨的！

李：哦，您跟着谁学的？

宋：也木（没）正经八道（正儿八经）地学。就是赶着干，赶着问着（一边干一边问着），有时候我自噶（自己）就能（弄）得差不多了。当时有个崔银山师傅是当初咱们这錾磨算是不错的，一般我待（在）家里干吧就是找他。磨不行了吧，我找他给我修。

李：崔守成师傅，你们都会在一块吧？

宋：嗯，崔守成我和他待（在）这里搞了一年多，第一年厂子搬过来以后就是我和他在这里干的。就是我们俩负责錾磨。他年龄大点，刚搬过来俺（我们）待（在）这干了一年，第二年他就不干了，我继续待（在）这干了。倒现在在咱这个厂还是负责錾磨。

宋：嗯，一直做这个行业。

宋：因为这东西一个人一个样啊，真正搞好了，出油量也高，质量也好。

李：嗯，这石磨是很关键的步骤。

宋：哎，很关键。

李：哦，咱这些石头都是从哪进的？

宋：章丘。

李：咱厂得去人选石头是吧？

宋：嗯，去选，我也去，基本上是三个人去。

李：哦，去之后是选石头是吧？

宋：基本上那个磨都是半成品，在那放着，看好了，叫他把石头起出来挤好。他从山上抬下来吧，抬下个圆形来，就运到村里去放着，咱看看哪个行，让他送去。

李：哦，现在咱厂一年去买几次磨坯？

宋：今年大概是可能四十来盘了。

李：哦，就是一年里得去买几次啊？一次要买多少？

宋：捏（那）个定不下来，看石头的质量怎么样，好的多要点，不好我不要，一年得去四五次啊。

李：咱一年磨盘有替换下来的吧？平均一年多少盘磨？

宋：光在外头放着的可能是计划100盘。先进进来，行的继续使着，不行就换。捏（这）里还有三十来盘，这边放不开那些运了新厂去了，咱计划是先上100盘。

李：咱现在去选磨坯，去选的时候有什么讲究？有什么区别？

宋：质量不一样。砂，它不是溜滑的，砂性发涩啊。同一块石头一样，这边行，这边不好。有时候这一块石头这边是黄色，这边是青色也不行，整个这一块石头不一致就不行。

李：那您是怎么能看出来这边硬这边揎（软）的呢？

宋：临时看不出来，看砂粒。

李：哦，砂粒是怎么分的？小砂粒好，还是大砂粒好？

宋：砂粒分大、小，还有青、黄。小砂粒好，青的好。石头有直立的还有斜立的。

李：怎么看？

宋：光看不好看啊，用水一泼，纹理就能分得很清楚？

李：您泼上水是不是就能把它上面的一些杂质去掉了？

宋：不是，它那个花纹一见水就立显。有时候一块石头是这样斜的，还有直立斜的，还有一部分是斜立斜的。

李：怎么个斜法？

宋：直斜就是正直着下去的，立石就是立着的石头。有些花纹是平着斜着的，平的叫铺石，斜叫斜石，这种斜法很多种。

李：哦，不论是立，还是铺，还是斜，都是它的花纹决定的？

宋：哎，花纹决定的。磨的质量好坏由砂决定。

李：哦，宋师傅咱刚才说由花纹决定立、铺、斜石，您去了之后，怎么判断磨坯砂粒的大小啊？怎么去看？

宋：基本都差不很多，一是看看匀乎，去看看密度就行了。

李：是直接看出来啊，还是用手摸摸？

宋：光看就看出来了。

李：哦，看砂粒密度均匀是吧？还有颜色、花纹是吧？

宋：嗯，一块石头有可能质量也不一样。

李：您说这一般选青石，怎么看着有很多偏红的？

宋：那个颜色就是一下雨一淋的 ，再加上太阳一晒就变色了，在山上采下来就是青白。

李：哦，也就是说刚买过来的时候这石头都是青的？

宋：哎，也不是太青，发白的青。

李：哦，石头要选青石，不选黄石，砂粒选小的，一般是选立石是吧？

宋：嗯，一般一盘磨是上下两半吧，上边一般选铺石，底下这一块要求是立石。

李：哦，两块不能选一样的么？

宋：也行，石头好也行。但是立石抗磨，铺石稍差着点。

李：为什么这么说呢？

宋：那立着地好像硬点似的，我錾着就能试出来。

李：哦，咱选石头是拉过来，还是他们送过来？

宋：我看好了以后，他们送过来，来到这边要接着试，先做一个试试行不行。

李：如果不行呢？

宋：他们带着人来修，因为咱卖的是成品啊，拉过来咱就使。半成品的话，咱不用成品的钱就打发了。

李：咱买过来那磨是什么状态？

宋：基本錾好了，一点不对的地方都不行啊，要求很严。

李：哦，咱去买的时候包括明油、砂、磨膛都给修好了？

宋：啊，是啊。要是不行，他们管修。

李：是不是这个磨用一段时间以后，这个磨平了，你们再去修这个磨？

宋：嗯，我们再去修这个磨。

李：刚进的磨盘不用咱修是吧？

宋：第一次吧就是归他修，修好以后使使，再不行了就咱修了。咱卖的成品磨吧，第一次必须他买下来。

李：以前我听他们说是卖的时候是个磨坯，不是他们修好的，自己修吗？

宋：哎，以前就是拉个圆囿（圆形）石头来，咱自己做。

李：哦，它是不有磨盘一个形，没有出油啊，砂，也没有磨膛？

宋：哎，什么也木（没）有，就是光修出这么一个圆石头来。

李：咱以前的这个工作量大吗？

宋：嗯，以前这个工作量大。现在工作量小了，买的是成品了，这个磨的数量继续增加，修磨的人员很紧张（人员不够），木（没）有那个工夫去修。

李：哦，刚才咱那个车间的时候那个师傅叫什么啊？就是正在修磨的那个？

宋：叫崔永道。

李：哦，他正在修的磨是不是就是咱平时用得不行了，他在那修磨？

宋：哎，那个磨使上一段以后就磨损，不行了就得修。

李：现在咱去买这个磨多少钱一盘？

宋：外头放的那些啊大约是2360元啊。

李：现在这个磨多大？一米多？

宋：一米的直径。

李：现在咱厂用的全部是一米的？

宋：嗯，全部是一米的，刚建厂的时候，大概是84年吧，是70的直径。到了88年用八十公分的四五年以后又改90公分的，从05年以后全用一米的了。

李：宋师傅，咱这个磨从七十换到一米为什么要换？有什么区别？

宋：小的功效太低，就是效率啊。这个一米的一个小时能磨150斤，70的连30斤都磨不了。

李：这样效率上来了，出油量改变吗？

宋：出油量也改变。70的100斤芝麻能出40斤油换成一米的能出50斤油，能差10斤油。

李：这样，还有别的差别吗？

宋：哎，70的100斤芝麻能推仨（三个）小时，一米地100斤芝麻40分钟就差不多，时间缩短了，功效提上去了。

李：哦，咱现在100斤芝麻能出多少油正常的话？

宋：很难说。好的能达到50斤，不好的四十三四左右吧！

李：哦，芝麻这个饱满的，高的出的高是吧？

宋：嗯，这个东西很难说啊，芝麻质量是问题。

李：咱现在这个磨用到什么程度去修？

宋：只要你在这个车间来回地走动走动，看看哪个磨不好使了就去修。

李：你看哪方面它不一不好使啊？

宋：一看推的那个油坯啊，那就粗啊。

李：油坯粗就说明这个磨不行了？一般磨多长时间该修？

宋：两万多斤到三万斤芝麻吧。也看磨修的，修好了吧，能到三万斤，差点的两万 能（弄）不巧一万多。

李：二三万的话得磨多长时间啊？一天磨多少一个磨？

宋：按照一个磨一小时一百三四吧。

李：宋师傅，您说磨两万到三万芝麻是斤啊还是公斤啊？

宋：市斤。

李：一天磨多少小时啊这个磨？一天不停地磨？

宋：分段干啊，白天这个班，五个或六个磨就是这一班，必须完成任务。全部完成这套工序了，再换个班交替。

李：哦，安排好任务每一天磨多少芝麻？

宋：哎，一般地3000斤芝麻，差不多四五个小时全部磨完。

李：哦，咱这一盘磨正常一天磨多少斤？

宋：一天一盘磨的话得一千二三吧。不是分两个班吗，一个班待（在）600斤芝麻以上。

李：也就是说咱这个磨平均的话一个月就得修一次？

宋：嗯，也不是，见天（每天）修，根据它使的程度。反正这些磨吧都是循环着，也轮流着修，这十来个磨换下这一轮来，差不多就得十多天。

李：哦，基本上每天都有需要修的磨？

宋：哎，每天都有磨要拾掇啊，因为磨多吧，转下这一轮来就得十来天。

李：一圈修完之后这个差不多又该修了？

宋：哎，就是循环着来回着转。

李：咱厂现在有多少盘磨？

宋：用着的32个磨吧！

李：一共就是你们五个人负责这些是吧？

宋：嗯，对。

李：修磨的时候出油量差，哪个地方出的问题？

宋：很难说，因为这里头一些部件啊，比如明油、砂头等。

李：磨膛不起作用吗？

宋：磨膛不起作用，也不能不起作用。芝麻都漏了磨膛里去吧，蛮（从）磨膛里排出来，它里头一些斜齿哈，磨膛里头必须囫囵芝麻，到了里边这齿这里还得囫囵的，到齿的中间就开始两半了。

李：也就是说还没到砂这个地方就已经破开了是吧？

宋：待（在）这个齿的中间就应该把芝麻破开了，越靠外越细，到明油这块就磨细了。

李：哦，咱修的时候主要修哪个部件，一般是齿这一块？

宋：不可能能么（那么）着，堂不够深也不行，齿深的不行，浅的也不行。

李：这个磨损主要是出于一个整体的是吧？

宋：嗯，是整体的。一般磨膛和轴能行，就不用动它了，哪个部件不行整哪个部件，反正是能（弄）磨时间长了蛮（把）磨能（弄）开啊。观察观察都知道。

李：一盘磨一般说不用全部修吧？

宋：哎，基本上来说就得都得修啊。

李：那种自己做磨从什么时候没有的？

宋：可能86、87年那会儿就淘汰了。刚建厂做了一批，以后就淘汰了。因为那时候只有两个人在这里，了不得啊，工作量太大了。

李：哦，当时一个你，另一个是谁？

宋：崔立本。

李：他现在还在咱厂是吧？

宋：嗯，还待（在）捏（那）里。

李：他现在年龄比你大还是小？

宋：他比我小个五六岁，我是年龄最大的。

李：宋师傅当时磨坯自己修 ，从哪先开始？

宋：先整平。

李：怎么整平？

宋：用锤子单点弄。然后再挖出膛来，大概一公分半。

李：哦，是全部吗？

宋：光膛。

李：明油要比齿小很多？

宋：嗯，小很多。从齿一直到明油这块，大概在个零比四左右。

李：这个比例具体是怎样的？

宋：这个明油是平的吧，齿有个斜度、深度，从明油这个平面靠里计算的话，大概是四个明油。

李：也就是这个高度慢慢越来越深？

宋：哎，是啊。

李：哦，咱这个挖膛用什么工具？

宋：以前用钎子单点蹭啊那，一般就按着一穴一穴地来啊。现在简单，现在有切割机。

李：哦，一层一层的来？

宋：哎，挨着一层层来啊。

李：钎子不是一般有粗有细、有尖头有扁头的，您一般用哪种？

宋：一般用尖头的，一般木（没）有太大的，就是中型的吧，大的一般使不大着了。

李：那整平的时候用什么样的？

宋：一般也都是尖头的。

李：哦，那正平的时候用尖头的和锤是吧？就普通锤吗？

宋：就普通锤啊。我们叫修磨锤。

李：哦，那锤是不是一头宽，这头伸出来一个舌头一样的？宽的就是锤，尖的就錾磨？

宋：哎，对对。

李：挖完膛做齿，咱叫什么？

宋：它就是先分穴，它这个穴吧也有个斜度啊，这一个磨就分10穴啊。

李：那分穴是怎么个概念？

宋：穴就是个斜度，木（没）有斜度，它不靠里走啊。这个磨一般它都是顺着的，要是扣起来，它就是交叉着的。

李：哦。宋师傅，咱崔家庄以前有总结出来的这个磨谱，您背过磨谱吗？

宋：磨谱啊，捏（那）东西，一指明油二指砂，其实木（没）有那个东西啊，也就是人琢磨的哈。

李：这几天我采访了好几个人，比如说崔家庆啊、崔守成啊，他们呢都说磨谱的事，然后说是一指明油，二指砂。

宋：昂，就是啊，那是按照早里的那个小磨的说法。

李：当时是不大到70公分的时候那个磨。

宋：昂，就是啊，原来那个小磨是“一指明油二指砂，膛里滚着双芝麻，实眼下，副眼呕……”什么的。

李：就是这两个眼是吧？那为什么会这样呢？

宋：它就是磨做得不行，芝麻不靠外走。

李：哦，那说明磨没做好是吧？

宋：昂，修的不行。

李：修的不行主要是哪个地方没修好啊？

宋：现在捏（那）个事很难说，非打开磨看不出来啊，磨深的不行，浅了也不行，有一点碍事地捻儿（圪节）也不行，这个膛里全是芝麻，早晚到这个磨齿的中间才开始破，一直到明油最细。

李：宋师傅，我们这次包括对您的采访，这次做这香油呢像加工这些东西啊，包括压机器加工香油什么的我们都不是太重视，因为我们现在做的这个事情叫传统手工磨制香油。咱村非常有名啊，整个村磨香油，但是都不是机器，都是在家手工的，磨可能用毛驴什么的拉。

宋：昂，对，一直都是那样的。

李：现在我们需要了解的就是这些东西，而不是现在厂里用机器的这些东西，现在国家很重视传统的、手工的东西，我们需要把这东西挖掘挖掘。这个磨谱可能对咱现在的磨的作用已经没有了或很小了，但是最早的时候对那个小磨的作用是有的。

宋：最小的可能在50公分左右。

李：对，他说的这个“一指明油二指砂”，我估计是在小磨上面起作用。

宋：就是呆（在）那个60到70的磨上。

李：对，我们现在要了解的就是二三十年前的，我问您磨谱这个事啊，包括咱村里的一些老人，知道的人越来越少，我问咱厂的职工的时候他们都是哪有这个东西啊，但是当初的时候一定有，在您年轻的时候，老人錾磨都会说这个事。

宋：磨谱木（没）有那个东西啊。

李：他不可能写下来，就是记在脑子里了，都说没有磨谱这个事吧，但是可能您作为一个内行人说没有，但是外行人都说有，为什么会出现这个情况呢？您说没有，但是大多数人外行人吧认为是有？

宋：哎呀，谁知道它是怎么传说的啊，这个磨谱我考虑是木（没）有捏（那）个事。

李：外边人觉得有。

宋：咱也说不准那个东西。

李：咱这磨谱怎么传下来的？

宋：我不清楚。

李：磨谱就是您做这个做20年总结的经验。

宋：哎，那个经验就是。

李：您有没有想过您把您这么多年的经验写一写？您有这个想法吗？

宋：很难说。就是錾磨的时候把磨能（弄）打开看看到底怎么回事。

李：像您说的“实眼丁，副眼呕，缺着磨匠一壶酒”，是有这个说法是吧？

宋：呵呵，那是说那个磨匠不真心修磨。

李：对，这是最早传下来的顺口溜什么的，您还记得有其他的说法吗？

宋：记不大清楚了，没有什么说法了，因为这个活毕竟是细活，你一粗这个出油率马上就下来了，这个东西差别很小很小。比如说差一张纸的厚度有时候就不行。

李：几乎用微米都没法看这个厚度了，您怎么能知道？

宋：把磨修出来以后，它上干沙子，一开磨一撮，看看它这个厚度差多少。

李：怎么看啊？撒上沙子就能看？

宋：沙子这一撮啊，就成细面了。然后就可以看到厚度了

李：看沙子的均匀度来确定磨？

宋：嗯，对，沙子一碾很细，比这个纸还要薄。这一开磨平不平，到底高着多少，一看就明白了。

李：咱刚才说的那个一指明油二指砂，是说以前那个磨，我还听说最早的明油以前顺着，后来怎么又这么一个了是吗？

宋：嗯，有斜度。

李：什么时候有交叉的？

宋：以前那个小吧，不用交叉。现在这个大就交叉，因为嘎（割）上这个沟它透气啊，磨下来很降温。

李：对，咱这磨转起来温度有多高？

宋：我估计得八九十度吧。

李：这么高吗？那不熟了吗？

宋：因为它这个芝麻已经是炒熟的了，那个碰到皮肤上能烫出泡来。

李：比如说有没有我应教你哪些东西，不该教你哪些东西？

宋：以前有点保守，在那里干活，别人问到你都不说。

李：除了保守还有什么说法？

宋：一般没有多少说法了，这种活学得不多啊。

李：咱说以前老的那些工艺技术这方面的？就像刚才说的那些，在外人眼里，别人会觉得那是磨谱。

宋：没有那个东西，就是自己的经验做。

李：哦，我们就想把这个记下来，让后代知道有这个说法。

宋：也是，不留住，以后就容易被人忘了，实际那个顺口溜就是那个磨谱。

李：咱这个香油以前是传媳妇不传女儿是吧？

宋：啊，对对。现在木（没）了。

李：在以前说这是一个行业的秘密，不能让外人知道，但现在已经不存在这个了吧？

宋：现在都公开了。

李：香油都公开了，磨必然也得公开，包括以前这个出徒，出徒的时候师傅会教给徒弟一些行话，如果不教给你这个行话，你如果出去给人家錾磨，人家过去跟你说行话，他一说你如果能对上来，你可以干，你对不上来人家把你家伙什（工具）给你收拾收拾不让你干了，是有这个说法吧？

宋：现在不会，现在也木（没）有行话。

李：我们就想了解一下多少年前这个行话是怎么回事，有哪几种说法，我们就想把这东西记录下来，到多少代以后让后代一看，这个磨有这么多的讲究，所以说我们这两天一直找，像您年龄不是太大的这种我说过两天再采访，就是说我们现在做的事属于抢救性的，把老人先采访了。

宋：嗯，是啊。

李：比如说前几天采访的崔守成老人。

宋：还有崔守成啊？

李：嗯，他告诉我们一些行话就是，比如说你去给人家錾磨，人家问你："哪路来的？"要是您您怎么回答？

宋：我木（没）遇到捏（那）样的事。

李：他可能也是听老人讲的，咱这个磨不是分为水磨和旱磨吗？

宋：昂，是啊。

李：但是香油好像是水旱都有，说是"水旱两路来的"。就这么个说法，那一看这是行家，就在这干。要是一问不明白，他们在外地就真的把你的摊给收走了，不让你在那干了，就出现这种情况。宋师傅，20年前您有没有听说过这种事？

宋：我木（没）听着那么回事，我在这20来年，一般回去我不大出来啊，一个月起码得27天在这里，木（没）有时间在外头逛游。

李：您现在家在哪？

宋：在崔家庄。

李：我们现在有四五个人都在崔家庄呢，了解这些情况。包括崔家庆、崔兆贤，还有老校长。

宋：这个东西老顾问知道得比较多吧。

李：不是，老顾问能说出来怎么做，再问细致的话他就不知道，他不干这个。所以只能问您。

宋：记载他比较明白，修磨这个事他不大明白。

李：宋师傅，我一直想问，就是磨谱这个事是一个传说，谁知道这个传说啊？

宋：一般都不知道，知道的也就是一个传说。

李：现在有很多情况，咱崔家庄有很多人香油都知道怎么做，最起码能说出来怎么做，錾磨没有几个能说出来的。

宋：嗯，錾磨他不一定很明白。它这个东西它不是混合着，不是你也干，他也干。

李：香油啊没有顺口溜这些。

宋：嗯，它什么也没有。

李：但錾磨有很多这种说法，为什么会有这种情况？

宋：我估计能錾磨的这些人，因人而异。他没有标准，因为他不是统一的标准，一个人一个说法，一个人一个看法，一个人一个经验。

李：就像您刚才说的，谁錾的磨都不一样？

宋：哎，就是，你錾出来挺好使，一样我錾出来不行。

李：宋师傅，能不能写一写您对这个修磨经验？我可以给您写，到时候你念着我给您写，写完念给您听，把这个东西写下来留下来，留给咱们的后人？

宋：捏个（那个）不行，木（没）有什么经验哪，也不知道怎么说。就是现弄开，现观察，现修，十个磨得有九个磨不一样。

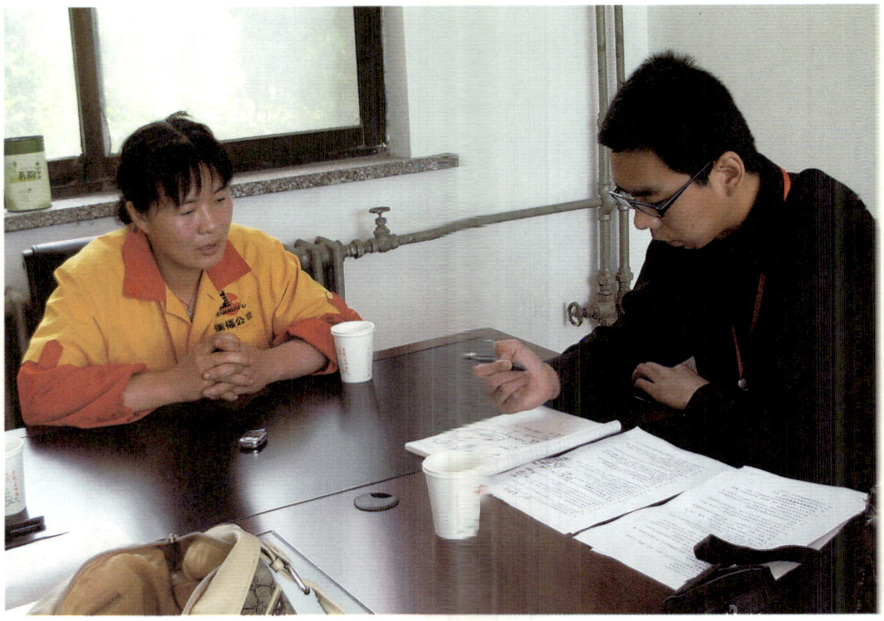

6.传统技艺传承人杨秋红口述实录

采访时间：2009年5月26日　　**采访地点**：潍坊瑞福油脂调料有限公司一楼会议室

采 访 人：刘磊（略为“刘”）、刘晓青（略为“刘”）　　**被采访人**：杨秋红（略为“杨”）

录音记录：牟永川　　**文字整理**：王晶

刘：您怎么称呼，您在厂里负责哪方面？

杨：我姓杨。叫杨秋红。72年8月4号南三村生人。92年招工进厂工作，一直到现在，在厂里主要负责生产香油方面。

刘：做香油的步骤有很多，您刚开始是从哪一步做起的？

杨：一直就是从淘到炒、从炒到研磨等等什么一套工序全下来。

刘：您觉得哪一步最关键？

杨：兑浆和烘炒。

刘：您当时进厂来的时候咱厂的设备就是现在这些吗？

杨：原来的设备都淘汰了。

刘：您跟我们讲一下当时进厂时那些设备那些工序吧？

杨：我进厂时，原来是墩油机像家里用的大锅似的。抬出锅来，100斤芝麻一个锅，一个墩油机才做200斤，现在做250斤。以前的墩油机不能晃，现在能晃。晃一段时间，再墩一段时间，以前就是光墩。以前干的量也少，现在设备都比以前大了，量也就大了。

刘：现在这个生产工艺是怎么分工的？

杨：我们分工就是一个班，就是一个集体。打个比方有6个人，有2个兑浆的，一个看磨的，相互招呼着。

刘：一个班有几个人？

杨：看设备多少，设备多的人多，设备少的人少。

刘：您现在这个班有多少人？

杨：我现在这个班6个人。

刘：这6个是每个人负责一道工序吗？还是说两三个人负责一道工序？

杨：根据那个炉，有看磨的，边淘洗边炒，自己控制量。

刘：比如说从淘洗开始，芝麻从原材料到淘洗，淘洗的遍数有要求吗？

杨：根据芝麻大体情况吧，勤换水。淘到没有沙算是淘好了。一般每次淘洗50斤。

刘：现在淘洗用什么工具？

杨：用筛子和铁锅。

刘：这个淘洗的时候对那些工具没有特殊要求是吧？

杨：有啊，筛子那个网有要求，不能掉铁丝（笊篱）。

刘：哦，淘洗的锅跟咱们家里做饭的锅形状上有什么不同吗？

杨：形状一样，就是大小不一样，淘洗的大。

刘：哦，那个笊篱把是个木头的？

杨：嗯，木头的。

刘：捞出来之后那个芝麻是不是需要晾干？

杨：不用晾干，也有淘洗池，有网过滤，淘洗完了堆闷。

刘：哦，芝麻还要放一段时间是吧？

杨：嗯，对，起码要放两小时。

刘：堆闷，这个需要多长时间？

杨：最少两个小时。

刘：堆闷以后拿出来还需要晾一晾吗？

杨：这个得看流水情况。

刘：这个堆闷不在水里是吧？

杨：不是，就是在那个池子里，因为芝麻捞出来以后是湿的。

刘：相当于控水。

杨：也要根据季节。

刘：什么材质？

杨：不锈钢。

刘：有多大，长宽高？

杨：具体说不清，装满是1000斤。

刘：哦，这是淘洗，这个烘炒都保持在这个原来的大火，还是小火？

杨：根据芝麻的情况吧，一开始用急火。热气炸干后，用文火。芝麻上烟了用细火。

刘：大约烘炒的时间有多长时间？

杨：前后50分钟吧。

刘：没有固定时间是吧？

杨：嗯，看颜色，边看边炒，按实际情况去炒。

刘：杨老师，咱以这个白芝麻为例吧，每个程度到什么颜色这个程序你跟我说一下吧？

杨：在这个文火时间吧慢慢变黄，急火的时候都是白的，后来里面是棕红色，外边是灰褐色。

刘：哦，这个芝麻有个皮。

杨：用手捻开看里面的颜色，里面要棕红色。

刘：现在这个烘炒的机器是？

杨：用滚筒。

刘：这滚筒一次能炒多少斤？

杨：70公斤。

刘：那芝麻炒好之后怎么弄？

杨：就关开关，有正转有反转。

刘：哦，倒出来之后还要晾一下吗？

杨：晾一晾，还要过筛。

刘：哦，要晾到什么程度？

杨：在六七十度吧。

刘：现在炒还用什么工具吗？

杨：铁锨，原来也是一样。

刘：那个簸箕也是铁的吗？

杨：嗯，也是。

刘：现在烘炒用什么烧火？

杨：现在都是用煤。

刘：这个煤跟这个柴禾炒出来的芝麻有什么不同吗？

杨：原来我来的时候就是用煤，柴禾的就不是很清楚了，感觉用柴火那个温度很难控制似的。

刘：过筛一般要过几遍？

杨：一遍，筛子一个细网，一个粗网，等于两次。

刘：哦，这样用机器做烘烤自己就能做是吧？

杨：嗯，一个人就行。

刘：您刚进厂的时候是跟谁学的做芝麻？

杨：宋金荣，也是个女的，现在她不在这干了。

刘：烘炒下面接着是研磨了，研磨现在还保持原来的么？

杨：嗯，现在就是磨比原来的大。

刘：需要什么工具？

杨：用小车把芝麻推过去，用簸箕搓上去，上面有个大磨漏，下面有个小磨漏，下面还有层丝网，正好流丝网上。

刘：最上面那是有个什么？

杨：装芝麻的容器。

刘：它那是个什么形状？

杨：是锥形的。

刘：咱现在车间就是用的这种是吧？

杨：嗯，对。

刘：它现在这个磨是用什么架起来的？

杨：磨是用铁架子，焊出来的。

刘：哦，现在这个磨转，也是全机械化。

杨：嗯，上面转，下面不转。

刘：哦，它这个转的时候，2个口不是也转吗？它这个芝麻怎么？

杨：是个中心点。

刘：磨眼在中心吗？

杨：不在，磨轴在中心。

刘：哦，它上下都是一样大吗？

杨：嗯，一样大，中间有个磨膛，中间有个筒。

刘：这个筒什么材质？

杨：不锈钢的。

刘：它的直径有多大？

杨：不太清楚，磨下来的叫油坯，倒入热水。

刘：热水一般多少度？

杨：90度吧。

刘：咱这一步叫什么？

杨：兑浆。

刘：兑浆这个水是一次加进去吗？

杨：不是，要分四次。

刘：哦，一次比一次少？

杨：嗯，根据经验。

刘：那您怎么能知道什么时候加水？

杨：干长了一种感觉吧，也是经验。

刘：加多水跟加少水有什么区别吗？

杨：看情况。

刘：哦，这锅是怎么样的？

杨：固定的，一锅250斤芝麻的。

刘：哦，那个锅什么形状的？

杨：圆形。

刘：它上面那一块是垂直的？

杨：嗯，有个斜度。

刘：把这个油坯倒入锅以后，接下来怎么做？

杨：接下来以后打开机器，开始转，锅也转 。

刘：以前那个锅是固定的，现在反了。

杨：嗯，有角齿。

刘：哦，它这个锅是朝一个方向动吗？

杨：嗯，一个方向。

刘：搅拌一般搅拌多长时间就行了？

杨：搅拌一个小时吧。

刘：杨老师，兑浆下一步是什么？

杨：墩油。得一个小时，然后再晃两个小时。

刘：哦，循环的过程是吧？

杨：嗯，对。

刘：它现在这个墩油，还用油葫芦吗？

杨：用，是不锈钢的，葫芦上有杆，一个杆上两个葫芦。

刘：哦，它两个葫芦不是平行的？

杨：不是平行的，一个葫芦深，一个葫芦浅。

刘：现在兑浆兑一锅，你大约起几次油？

杨：两次吧。

刘：哦，剩下的那些就不能再出油了？

杨：对的。

刘：现在就是咱做这些，您在车间有没有顺口溜什么的，对这个工艺上？

杨：这个没有。

刘：起油之后是不是还需要沉淀？

杨：用管抽，往油库里。

刘：剩下这些怎么处理？

杨：剩下就是些酱，有人专门做处理。

刘：是麻汁吗？

杨：不是，麻汁是文火，纯芝麻的。现在那些酱，就是渣子，做肥料和饲料用。

刘：这现在是淘洗、焙炒、研磨、兑浆、墩油五个步骤。堆闷也是个步骤吧？

杨：堆闷在淘洗里。

刘：哦，对现在这种工艺跟以前的工艺，您感觉最大的区别是现在哪些地方？

杨：现在用的煤比以前的好了，烟少了，车间干净了，设备上更好了，油也能导出。

刘：哦，过筛的时候用丝网，筛子是铁的还是？

杨：铁的。

刘：上面的孔大，还是下面的孔大 ？

杨：上面的。

刘：现在这个250斤芝麻，它出油能出多少斤油？

杨：也不一样，根据芝麻的出油量，芝麻含油量不一样 。

刘：这个白芝麻、黑芝麻这个出油有什么不一样吗？

杨：白芝麻出油比黑芝麻出油多点。

刘：它的油质啊？

杨：一样。

刘：您现在在厂里属于

杨：领班。

刘：那现在跟着您干活的都有谁啊？

杨：跟着五六个人吧，没有固定多少人，循环着，有调剂。

刘：在这个步骤当中，你们这个还有对平时保密的步骤吗？比如说，离了这道工序，就不能干的吗？

杨：没有吧 。

刘：您当时学的时候有那种辅助性的文字材料吗？

杨：当时就是师傅口传要点什么的。

刘：哦，这个不管以前还是现在这个都是口传心授？

杨：现在有一部分也有材料的，来了以后先培训，领班带着。

刘：现在在传授工艺上还有拜师这一说吗？

杨：没有。

刘：您当时来的时候拜吗？

杨：没有，一直是我领班带着我，都是领班带着出来，慢慢一步一步来，口味差不多。

崔字小磨香油传统技艺研究课题组学术研讨、田野调查工作现场

从民俗文化层面看崔字小磨香油传统技艺的传承

崔字小磨香油是在乡村社会中形成、发展起来的。它从六百年前开始，走向现代社会的每一步，无不受相应时代农民思想观念的支配和影响。所以，研究作为非物质文化遗产的崔字小磨香油传统技艺，必须对崔家庄乡村社会的农民的意识世界进行考察和探究，找出观念、风尚、习俗、禁忌、民间仪礼等与这种手工技艺之间的密切关系，以期对崔字小磨香油传统技艺产生和发展的内因、外因有比较客观的诠释。

一、宗法社会中农民乡土情结对崔字小磨香油的影响

中国传统社会的农民，与欧洲中世纪的农民不同，后者依附于庄园，没有人身自由。前者一向有着正统的法律身份，在士农工商“四民”中排第二位。“人生天地间，庄农最为先”（《庄稼杂字》），至少在社会舆论上，以农为贵，士大夫多以“耕读传家”而自诩。农民赖以生活的农村社会中，家庭是核心，依血缘、亲缘关系的远近，义务及态度的不同渐次淡漠。在社会上，家庭既是生活的基本单元，也是生产的基本单元。在人口密集的中原地区，农民都是聚村而居的，一代代农民生于斯，长于斯，守望相助，亲密往来。同村之人称为乡亲，距离最近，关系最为密切，在观念、习俗、风尚、口音、价值诸方面具有最大的同一性。山东地区村落多是明初移民所立，肇始于一人一家，后代繁衍，聚族而居，同村基本上是同族。这种地缘关系和血缘关系相重叠的村落，崔家庄极具典型性。

《崔氏族谱》记载：“始祖明自山西广长所迁，葬于大于河崔家庄。”这位始祖，就是崔家庄所有崔姓人的祖先，到现在已经传了24代。换言之，现在的崔姓人之间都存在着远远近近的血缘关系。对于这种宗族关系，崔姓人都很认同，2006年，崔家村村委会、监委会、公事会还把《崔氏族谱》原样复制，每户一套下发。崔姓人见面，仍以辈分相称，彬彬有礼，井然有序。追根溯源，崔家香油手工技艺来自一人。所以，对崔姓人来说，加工香油不仅仅是谋生的手段，而且暗含了承继祖先事业的家族情结，这是不言而

中华老字号

宗法社会中农民乡土情结对崔字小磨香油的影响

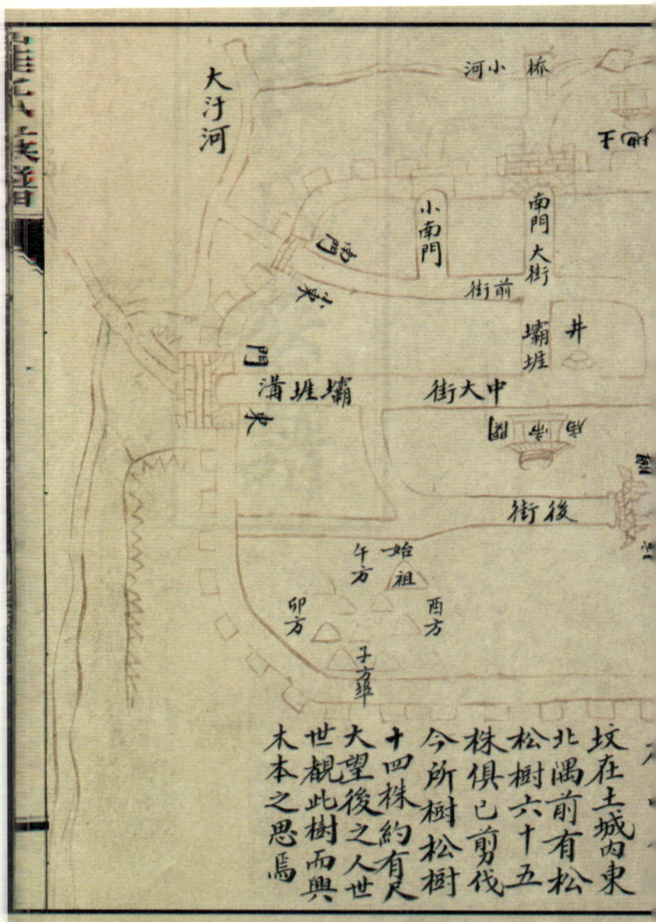

①崔家庄地图
②崔家庄崔氏祠堂的古槐
③光绪十七年《麦涂复丰收记》碑文

喻的。

再从解放前村落布局来看，崔家庄四周建以完整的围墙，呈正方形，有大小六座围墙门，内有水井、老槐树、祖茔、牌坊、关帝庙，西南角靠近围墙有一座土地庙，俨然是一座“祝家庄”式的堡垒。村东是大于河，南边是小河，潍县通往青州的官道穿村而过。崔家庄祖祖辈辈以村居风水宝地而自诩：“东有龙（一高埠如龙形），西有凤（一土埠形如凤凰），南有梅花（五叉路口梅花桥），北有洞（村北一土洞，由来已久）。”崔家庄是一座自我封闭的平原村落，村民安居乐业，其业自然是以农为主，兼营香油。

和大多数农民一样，崔家庄的农民以农为本的观念是根深蒂固的。他们把土地看得比黄金还要重，把失去土地看作是最痛苦的事情。他们生于斯，长于斯，乡土意味着祖祖辈辈生活的一切，对生活的信念只有在乡土的烘托下才油然而生。他们把刨土种地看作是自己的天职，许多人在城里或外乡发了财，仍然要回家乡起房置地，至多是过上“庄稼搅买卖”的生活。光绪年间庠生崔重辉写的《麦冻复丰收记》，可以帮助我们管窥当时人们的从业意识。

> 余尝见大于河东崖药王疙疸庙有石碣，上纪乾隆五十五年三月间麦被霜冻，后得雨仍丰收，心窃疑之。距今百余年矣。辛卯岁三月十五日夜，霜，麦又冻，越数日，叶黄苞朽，其未朽者百不获一焉。人心惶恐，至二十三日，小雨，萌蘖复生。四月十六日又雨寸许，萌蘖尽秀。冻愈甚者而穗乃愈盛焉。迨熟登场，所获过于所期。乃叹前人所纪者为不虚也。里人乐麦之冻而复收，欲勒诸石而嘱文于余，余曰：“此固闾阎之福、邦家之瑞，而是天地之仁也！然事亦奇矣。郡庠生崔重辉志并书。”
>
> 光绪十七年十一月十三日　立石

一场骤然而降的春季霜冻，使崔家庄刚刚返青的小麦“叶黄苞朽”，一季粮食将要化为泡影，酿成饥荒，顿时全村人“人心惶恐”；后来，两场春雨，使小麦“冻而复收”，于是又出现“里人乐”的场面，被认为是“闾阎之福、邦家之瑞”，并且郑重地勒石为纪。可见，在当时种田仍然是村民的主要收入，对村民生活关系极大，制作香油仅是副业。本次调查中，许多老人仍然认为，做香油挣不了大钱，赚下香油渣子喂猪，积肥肥田，肥田的目的还是增加土地收益。所以，在六百年的时间内，没有弃农专做香油者，没有将香油做成大作坊、大油铺者，都是小规模经营，季节性生产，农忙种地，农闲卖油，操业者或兄弟，或夫妻，或父子，鲜有外雇他人者。其根源在于村民固守以农为本的理念，安土重迁，使香油生产始终不能从农业中分离出来，始终没有走出家庭副业的圈子。

然而，正是这种传统的经营方式，使崔字小磨香油传统技艺在一代一代的崔氏后裔中，有了众多的传承人。崔氏家族人丁兴旺，根据《崔氏族谱》的记载推算，明朝万历年间，崔姓人家已经超过30户。到民国前期，掌握香油技艺的传承人已达50人之多。也正是由于这种分散的生产方式，

中华老字号

崔字小磨香油祖师崇拜·供祀石嬷嬷

使传统手工技艺没有过早地被机械化的浪潮所吞噬。从非物质文化遗产保护的层面看，这是可喜的结局。

二、崔字小磨香油祖师崇拜——供祀石嬷嬷

清代学者纪昀《阅微草堂笔记》中说，“百工技艺各祠一神为祖。”其实，一业所奉祖师远非一人，少则二三人，多则十余人。同一行业，不同地域，所祀祖师又不同。所祀诸位祖师中，有的是源于自然崇拜，有的是附会于某些历史人物，甚至是附会于传说、神话小说中的虚构人物，还有的来源于民间信仰中的神的转化，或是道教、佛教中的神仙菩萨。崔家庄香油业崇拜的是一位女性祖师神——石嬷嬷。

传说中的石嬷嬷是远古时代神农的妻子，她发明了石臼和石磨。因为她是一位聪慧漂亮的女子，住在山脚之下，在后人赐姓的时候，取“山下佳人”之意，赐为“崔”姓。后人奉为石嬷嬷，尊之为石嬷嬷祖，传说她是正月初十生日，在每年的此日，凡是开山、做磨、石雕、石刻以及和石磨相关的行业都给她过生日，表示纪念和崇拜，期望祖师神保护本业的权益和兴盛。

崔家庄的供祀石嬷嬷仪式以作坊为单位（当然多数是家庭）进行，一般由作坊的长老（也是家庭的长者）带领，在中午十二点以前进行。石磨就是供桌，摆放鸡、鱼、豆腐、馒头、糖、酒等供品，也有的只摆放水饺，安放香炉。先上香，然后烧纸、烧元宝，全家人叩头。为首者祷告数语，求她老人家保佑全家平安，买卖兴旺，四季发财。整个仪式约一炷香的时间，参与者必须穿戴整齐，神情庄重，不能嬉笑狂语。祭祀活动结束后，摆酒席犒劳伙计。这一活动，自古以来，一年一次，从不间断。

石磨一般是安在偏房之中，磨房中不住人。过春节时，磨上、门楣上贴“落门钱”，门口贴对联，一般为：

生意兴隆通四海，

财源茂盛达三江。

横批：如意生财，或：招财进宝

石嬷嬷，中国石磨的发明人，被人们尊称为磨祖。❶

❷

❸

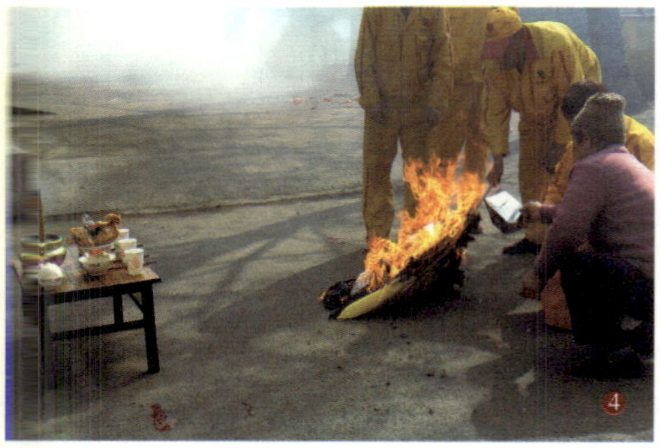

❹

与崔字小磨香油相关的民谣、民谚

①民间传说中石磨的发明人石嬷嬷造像
②祭祀石嬷嬷的供品
③～⑩祭祀石嬷嬷活动

三、与崔字香油相关的民谣、民谚、民间故事与传说

（一）民　谣

疙瘩母，
挎着筐，
骑着驴，
进了庄，
打香油，
搽口疮，
大人孩子保健康。

崔家香，
文家臭，
潘庄生产肥羊肉，
流饭桥的杠子头。

香油香，
香油香，
潍坊城西崔家庄。

紧打酒，
慢打油；
油掺油，
神仙辨别也犯愁。

吃了潍县饭，
不用天下转；
要吃崔家饭，
就得拼命干。

贝、贝、贝，
上南门，
吃烧饼，
喝油粉，
喝的个肚子大沉沉。

讲述者：崔信山、于家干
整理者：石军良、刘磊
流传地区：山东老潍县一带

（二）民 谚

一麻二豆。

地里有沟，
芝麻增收；
芝麻娇嫩，
一毁三不收。

小麦发了黄，
芝麻快种上。

小满种芝麻，
亩产一担八；
早种吃油馍，
晚种三分薄，
夏至不种油。

伏尾种芝麻，
头顶一朵花。

草荒见一半，
苗荒不见面；
想吃芝麻油，
先破十字头。

芝麻涝不见面，
芝麻旱收一半。

小暑芝麻大暑豆，
楸树开花种芝麻；
槐树开花种芝麻，
枣树开花种芝麻。

麦扎黄泉谷露糠，
芝麻耩在肚皮上。

立夏芝麻小满谷；
头伏芝麻二伏粟。

五月芝麻正当时，
六月芝麻略已迟；
七月芝麻已失时，
头伏芝麻二伏豆。

干锄谷子湿锄花，
不干不湿锄芝麻。

讲述者：崔信山
整理者：石军良、刘磊
流传地区：山东老潍县一带

中华老字号

与崔字小磨香油相关的民谚、民间故事与传说

①芝麻产地
②石磨

（三）民间故事与传说

磨祖石嬷嬷的故事

在很久很久以前的远古时代，人们靠打猎为生。后来人口多了，猎物少了，食物不够了，便经常挨饿。许多地方水草丰茂，林木繁盛，树上长着各种果子，可是人们却不知道能吃，更不知道种庄稼了。有一个人叫神农氏，看到大家饿肚子，他心急如焚，这些野果子、树叶儿、草种子能不能吃呢？他决定试一试，为众人找到可以吃的东西。他从身边的东西开始，把目标定在了树和草上。果、叶、茎、根、籽，他一一品尝，能吃的、好吃的、不能吃的、有毒的，都记下来，不断地发现能吃的果儿、穗儿、角儿、豆儿……在《神农本草经》中有“神农尝百草，日遇七十二毒”的记载。

他用那两只芭蕉扇似的大手，把草丛中的穗儿撸下来，放在手掌心，合起双掌，细细摩搓，最后用嘴吹去秕糠，把粒儿放到口中去尝，一把、两把、三把；一天、一月、一年……他不停地撸、搓，皮磨破了，双手血肉模糊、疼痛难忍，有时被毒得鼻青脸肿，浑身发紫，有时被毒得哇哇直吐。每当这时，他就找一些以前品尝过且安全的植物大吃大嚼一顿，以驱散身体中的毒。有一天，他撸下一棵高秆植物的长穗，用掌心搓起来，刚搓了不几下，便痛得他皱眉裂嘴……

“你等一等，我来帮你好吗？”一位身材窈窕、浓眉大眼、黑发飘飘的姑娘忽然站到他的面前。没等神农氏愣过神来，那漂亮的姑娘就拉过他的手，用一种不知名的又薄又软的茎皮，轻轻地把他的双手掌裹起来，神农氏感到原来痛得火烧火燎的手掌心顿时一阵凉丝丝的，一点也不痛了。他正想开口感谢她时，又发觉不对头啊，裹起双手怎么去搓穗儿？怎么去捏粒儿呢？他转过身刚要说什么，姑娘微笑着指了指身旁一样东西说：“以后你甭用手搓啦，这样东西可以把皮搓碾下来。”

神农氏有些惊疑地看了看地上的东西，一块半尺立方的石头，中间深凹进去，旁边放着一个磨得圆圆的杵头。

“这是什么？”神农氏惊奇地问。

“这叫臼，把植物种子放在里面捣一捣，皮就掉下来了，不信你试试。”

姑娘伸手撸了一串穗的种子放进凹洞里，用杵头慢慢捣着，不一会儿，粒儿和壳儿分离开来，抓出一把，轻轻一吹，手里就只剩下了种子。神农氏一见，高兴地跳了起来，挥舞着大手跪在草丛中，大喊：“苍天保佑，助我成功啊！你定是天神……不，定是神母，专门来帮助我的。”

“我不是神母，却是神母派我来的，不光是帮助你。你为了芸芸众生不再忍饥挨饿，受了那么多苦和累，真是可敬，神母让我来帮助你！”说话间，她低下头微笑着，脸上露出少女的羞赧。

见神农氏半信半疑的样子，那姑娘又说，“我是山女，就住在山脚下，前些日子，见你日夜奔波在山林草丛之中，尝遍多种野果野草，又累又苦，就奏请神母。神母让我专门帮助你早日尝遍百草，找出适合种植、专供人吃的粮食。”

从此，他们奔走在广阔天地之间，撸来穗儿、角儿，用臼代替了手搓，分离出植物的种子，然后分别去尝，对地上的植物进行取名儿，鉴定，最后决定取舍……

神母不仅帮助神农氏找到了人们可以吃的粮食，还将山女许配给神农氏为妻，成全了一对美满姻缘。

后来，聪慧的山女又继续琢磨，两只手搓穗儿转来转去，要是有一双石头手不是搓得更快、磨得更细么？她反复试验，打出用两块圆形平面的石头，平面上挖出一道道的沟纹相对，转动上面的石头，可以将植物种子磨碎成粉末，一会儿就磨出一大堆细末，神农氏夫妻可高兴了，他们把这个工具介绍给各个部落的人们，人们一用，省劲多了，都十分感激山女，后来人们称其“石磨”。再后来，人们发现，石磨上挖出不同的沟纹，可以用来把各种草本粒儿磨成粉、糊、浆。再后来，开始有了姓氏，先贤们在给山女赐姓的时候，因为她是一位漂亮的姑娘，又住在山脚下，所以就取“山下佳人”的意思，给山女赐姓为“崔”。据传说，她的子孙后代都随她而姓。

后来，人们为了纪念这位发明了石磨的山女，尊称她为“石嬷嬷”。她就是石磨的磨祖！传说她是正月初十生日，人们就在每年正月初十这一天，凡是开山、做磨、用磨、石雕、石刻等行业的人都给她过生日，以表后人对她的纪念和崇拜。

崔老二与小磨香油

潍坊西边有条大于河，河西岸有个崔家庄。那还是明朝初年的时候，崔氏三兄弟从山西迁居此地，就以自己的姓氏命名为“崔家庄”。三兄弟都是勤劳之人，靠种植高粱、谷子、芝麻、豆类、蔬菜和烧窑、捕鱼生活。崔氏老大有种蔬菜、种瓜的技术，其后代迁居寿光稻田一带，从事蔬菜种植。崔氏老三会捕鱼，他的后代沿大于河两岸捕鱼去了北海边，后来定居于潍县寒亭央子一带。唯有崔氏老二聪明伶俐，手巧心灵，既会种地，又会烧窑，还会做一手石匠活，用石头做石臼、石磨用于舂米、磨面、磨豆腐，人们都夸他是巧石匠。那时，崔氏老二种植的高粱、谷子、芝麻、豆类等都是自己吃。芝麻收获后，将芝麻籽在锅里炒一炒，用小石磨磨成糊状用来佐餐，香喷喷的挺好吃，崔老二特别爱吃这一口。

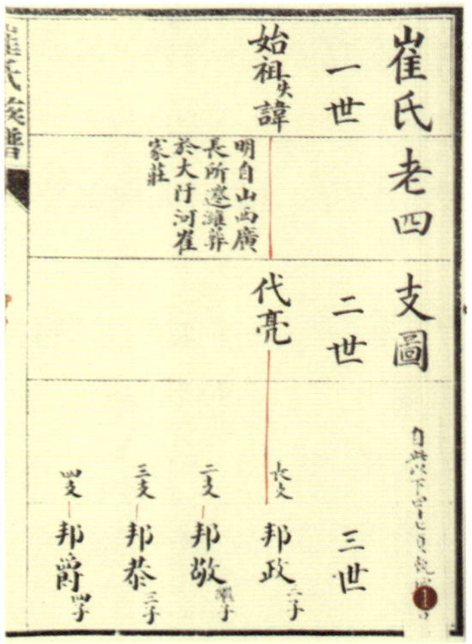

崔香油（公元1348-1432年），中国小磨香油的创始人，真名为崔泽世，字济民。

一天吃午饭时，他把碗里的芝麻糊用开水冲一冲，准备加到菜里吃，开水加多了一点，他用筷子搅拌时，发现碗里竟漂着许多油珠儿，端起碗晃了晃，油珠儿聚到了一起，并随着热气腾腾的起来，飘出一种扑鼻的特殊香味，用筷子蘸了些油珠儿一品尝，味道又比芝麻糊香了许多，这种香味是豆油所没有的。于是，他像发现了新大陆一样，用心琢磨起来：要是把更多的芝麻糊加入开水漂出更多的油来，加在饭菜里，饭菜不就更香了吗？他便动手做起试验来：他把芝麻籽在锅里炒好，用自己制作的小石磨将炒好的芝麻籽磨成糊状，又把芝麻糊放到自己烧制的大泥盆中，倒入适量的开水，用一根木杠在盆中反复地搅拌，成功啦！他的想法试验成功啦！盆里果然漂出了厚厚的一层油，散发着扑鼻的香味。他又把木杠放在饭桌上，把泥盆放在木杠上，用手握住盆沿晃动泥盆，油越出越多，油层越来越厚……他便用木勺把油撇出来，盛在陶罐中，挑到集市上去卖，让人们品尝，人们从未见过这种褐红色的油，都惊讶地问他：“你这是什么油？怎么这么香？我们从来也没吃过这么香的油！”崔氏老二满脸喜悦并带点自豪地说：“这是我刚刚试验成功的，用芝麻磨制的芝麻油，你把它加在饭菜里吃，味道可香啦！”人们听他这么一说，把他的芝麻油抢购一空。崔氏老二是一个善于思考，勤于动手的能工巧匠，不论什么事，总是好琢磨、好研究。他在磨制芝麻油时又发现一个窍门，芝麻油的香味与芝麻的烘炒火候关系很大。芝麻烘炒火候小了，制出的油香味有些淡，颜色也浅；芝麻烘炒火候大了，制出的油带有焦糊味，颜色也深；芝麻烘炒火候适中，制出的油不仅香味浓，而且颜色也好看。从此，崔氏老二在芝麻油的磨制过程中，对磨制技术不断地研究、琢磨和改进，磨制出来的芝麻油越来越香，越来越受人们的喜爱。

崔老二磨出芝麻油的消息很快传开，一传十，十传百，后来传到了皇宫。皇上知道后，下旨叫潍县知县将崔氏老二的芝麻油送进皇宫，一品尝，一个劲儿地赞赏，连声直说：“香！香！香！潍县崔家庄竟磨制出这等香味的油来，难得！难得！甚是难得！就把这油叫‘香油’吧。”打那以后，崔氏老二磨制的香油一直被列为宫廷贡品，专门进贡皇上御膳享用，人们也就把这芝麻油改称为皇上赐予的美名——“香油”了，又因为这香油是用小石磨磨制的，人们又将其称为“小磨香油”，这就是“小磨香油”的来历。

后来，人们还给崔氏老二起了一个绰号叫“崔香油”，他就是“小磨香油”的发明创始人——“小磨香油”的始祖！年深日久，人们渐渐地把他的真实名字忘了，只知道他叫“崔香油”。他发明磨制的“小磨香油”的技艺世代相传，传给了他的子孙后代。

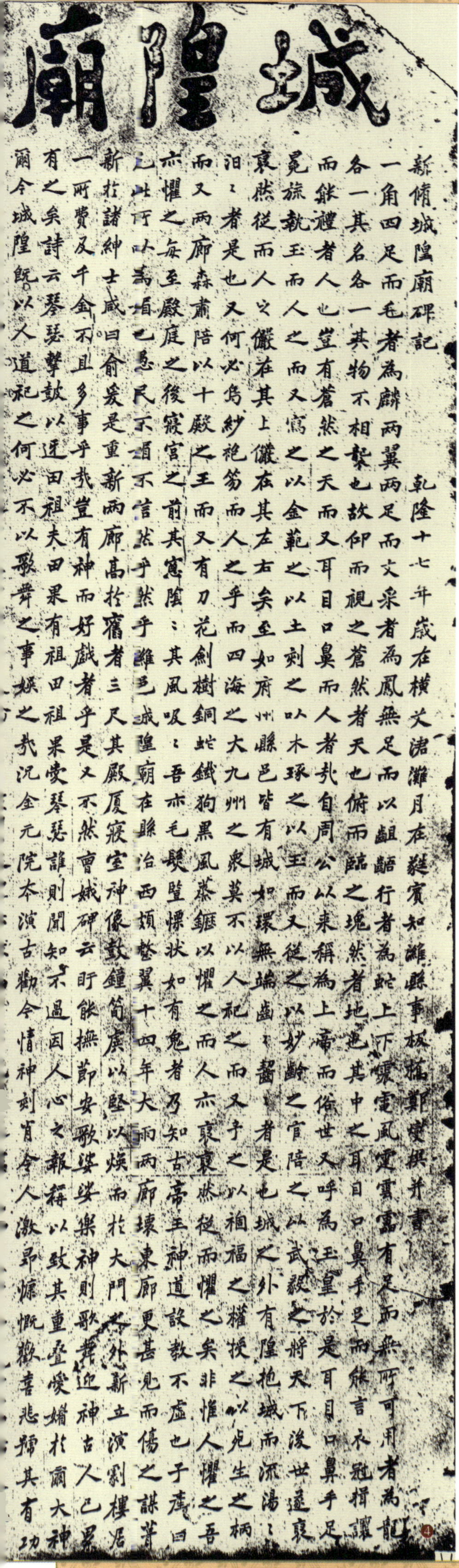

中华老字号

与崔字小磨香油相关的民间故事与传说

①崔氏族谱

②民间传说中小磨香油的创始人——崔香油

③传统技艺现场——研磨

④乾隆十七年，郑板桥撰并书的《新修城隍庙碑记》拓片

郑板桥与崔字小磨香油

话说到了清朝乾隆年间，被称作“扬州八怪”之一的郑板桥刚任潍县知县时，曾有一段“闻香赋诗”的故事呢！郑大人清晨有登楼望远的习惯。一天，郑大人很早就更衣起床，由衙役陪侍登上他的吟诗楼。早上的空气特别新鲜，伴随着一缕轻轻拂面的晨风，郑大人感到一阵浓郁扑鼻的香味，沁人心脾，深吸一口，极目远眺，却辨不清香味从何处散发而来。他问身边的衙役道：“何味甚香也？”衙役答道：“城西十五里有个崔家庄，家家户户磨制香油。今天刮西风，那里散发出的香味随风而来。听老辈人讲，他们的祖传工艺有四五百年了吧！”郑大人点了点头，深深地陶醉于此香味中，自言自语道：“香，此乃‘天下第一香也’！”继而随口吟诵道：“十里郊野满城香，举目远眺圩水长；神工鬼磨五百载，正宗芳味崔家庄。”

郑板桥在潍县，常常扶贫济困，微服深入民间，体察民之疾苦。传说，一天夜里，郑板桥又和一名衙役一起乔装打扮，走街串巷，暗察百姓疾苦，不觉来到了城西崔家庄。当时，那里还是一片草房陋巷。虽说家家都有制作小磨香油的祖传技艺，但毕竟天下穷人多，吃不起香油。

走着走着，到了一家小户人家门前，隔墙听到一男一女的对话和推磨的脚步声。悄悄地靠近门楼向院内瞅，原来是小两口正唉声叹气地磨芝麻做香油。只听那小伙儿在发怨声：“都说郑大人关心穷人，我才不信呢！咱天天卖香油也赚不了几个钱，还得夜夜像驴一样推磨，受这份罪，他也没给咱头驴帮帮咱。”

衙役一听埋怨郑大人，很气愤，正要上前敲门理论一番，郑大人一把拉住他，微微一笑，说：“你去告诉这两口子，明天一早，让他把香油送到县衙，咱用头最好的毛驴换他们的！”

衙役听了莫名其妙，县衙里连根驴毛也没有，拿什么跟人家换香油？但是老爷发话了不敢怠慢，立即敲开门，向小两口说明此事。

小两口一听半信半疑，待衙役亮明身份后，两人真是喜出望外，高兴得直咂舌头。真是天天烧香拜佛也没这么灵验的，念叨念叨着，天上就真的要掉馅饼了，这样的好事上哪找去？看来郑大人确实是个为穷人办事的好官呢！

小两口一夜好生高兴，第二天一早，小伙儿装了两坛上好的香油，兴冲冲直奔县城而去。郑板桥一身便服，早已等在县衙大门口了。小伙儿心里还是不踏实，没等他开口，郑大人从背后抽出一卷纸给他。小伙儿展开一看，原来画上画着一头驴拴在竹石旁。他一下子愣住了，心像掉进了冰窟里：这不是糊弄人吗？原来郑大人是拿咱庄户人逗乐子，这衙门真不是庄户人来的地方！

郑板桥看出了他的心思，微微一笑说：“小伙子，你家磨芝麻做香油，没有毛驴，今天我赠你这头纸驴，到集上一定要换头最好的毛驴。你就拿去吧，香油就用这纸驴顶啦。”

小伙儿嘴上说，“小民感谢郑大老爷的恩惠。”心里却在嘀咕：说得好听！画饼能充饥吗？想对郑板桥发顿火甩手而去，又一想，郑板桥是有名的青天大老爷，何苦与我这个卖香油的过不去呢？听人说他的画很值钱，说不定也真能换头驴呢！

正巧这天是潍县大集，这小伙儿急急忙忙来到东关大街上，把画亮出来叫卖起来，那些文人墨客全都围了上来，一看真是郑板桥的画，果然纷纷问价争买。其中一家店铺的老掌柜，没问画的贵贱，将画抢到手，连看也不放，他对小伙儿说，年轻人，你开个价吧！要多少，给多少！这小伙儿是个老实巴交的庄户人，从未接触过书画生意，更不知道画的价值，看他真心要买，狠狠心说，给头最好的活驴就换！嘴上这样说，心里还觉得挺宰人家的，觉得有些亏心。哪知老掌柜一听，满脸堆笑，二话没说，拉上他就往牲口市去了。来到市上，任他挑好一头身体结实、毛色黝黑、四蹄周正的上等毛驴，三言五语，议价成价，双方交付了事。小伙儿牵着称心如意的毛驴哼着小曲高高兴兴回家了。一进村，乡亲们都围上来，欣赏这头毛驴。大伙儿都说这个小伙儿“憨人有傻福”，郑板桥一纸换活驴的故事也就流传了下来。

再说郑板桥用一幅毛驴画像换了两坛香油，却不舍得吃。他也是出身寒微，加上为官清正，两袖清风，同样顿顿食无鱼肉呀！而香油对他来说，也是吃不起的奢侈品。正好年关将近，他想起了自己仕途的引路人——乾隆皇帝的叔叔慎郡王允禧。从范县到潍县，自己当着这个“小小芝麻官”，整天忙于政事，也应该去看看恩师了。想到此，郑大人连忙修书一封，命管家快马加鞭将香油连同书信送到京城慎郡王府。

慎郡王允禧接到郑板桥送来的香油一笑了之，他对这位怪县令十分了解，年年都是“千里送鹅毛——礼轻情谊重”，便赏了使者，传令将香油送到厨房了事。谁知，慎郡王爷吃晚饭时，却在菜肴里吃出了味道的不同。“今天的菜肴怎么这么香啊？”叫来厨子一问，原来是菜里加了香油。取来坛子仔细端详，普普通通的民间粗瓷坛，封口的红油纸正中写一个“崔”字。打开坛子，立刻一股纯正浓郁的香味扑鼻而来，油质澄澈，色泽棕红，可谓“余香绕梁，三日不绝”。“崔字号香油，真乃极品也！”王爷大发感慨。

如此美味，岂敢独享！王爷忙命福晋进宫，给太后奉上一坛。太后一尝，喜上眉梢，赞道：“香，实在是香啊！”作为皇帝的母亲，雍容尊贵，威震后宫的太后，她什么奇珍异宝没有见过？什么良馔佳肴没有吃过？她同自己的儿子一样，喜欢的是土地和土地上生产出的嘉禾。普天之下，莫非王土。只要帝王的国土上风调雨顺，百姓安居，就是天降祥瑞，皇家之福呀！当听说这么美味的香油竟是用一粒粒不起眼的芝麻磨制而成，简直太神奇了！“崔字号香油，天下一绝！”太后即刻传下懿旨，让慎郡王府将送香油之人带进宫询问这香油是从何而来？那位送油的管家受宠若惊，进宫面见太后，将崔字号香油的历史、工艺等一一禀告太后，自然也提到了郑板桥为崔字号香油题写的诗文。太后一分高兴，重重地赏赐了他，并传口谕，崔字号香油，天下一绝，列为贡品，年年进贡。

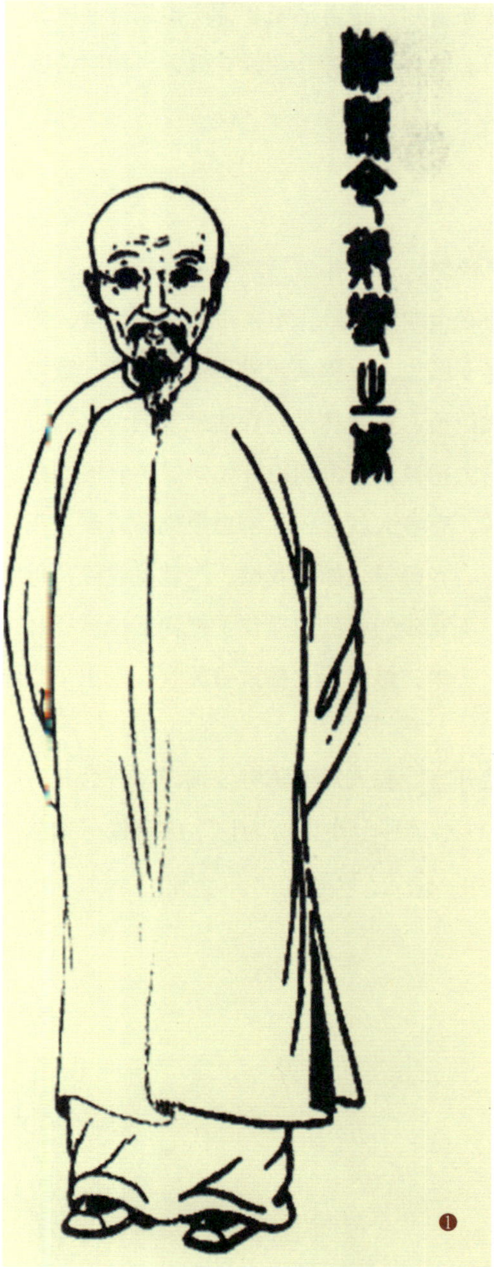

中华老字号

与崔字小磨香油相关的民间故事与传说

①郑板桥画像

②传统技艺现场——套毛驴

陈官俊与崔家香油

清朝中期，潍县出了个进士，名叫陈官俊，字伟堂。他为官四十一年，宦海浮沉，三起三落，但是深得皇帝信任，死后赠太子太保，入祀贤良祠，儿子恩赐为举人，传说他与崔家香油，还有一段有趣的故事呢！

陈官俊从小便生就一脸福相，且胆子颇大，十来岁读私塾，晚上进茅厕方便，手端一盏豆油灯，却找不到放灯的地方。只好用手端着，蹲在坑上还看着书。突然，眼前的地皮忽闪忽闪地拱了起来，从地里冒出一个小鬼来。小官俊毫无惧色，照旧看书。这小鬼便对他说："大人大人，你好大胆啊！"小官俊头也不抬，随口而对："小鬼小鬼，你好大头啊！"说罢，伸手向前，把油灯放在了小鬼的头上，又加了一句命令："顶好！"这小鬼一看，乞求道："大人啊，你用我的头当灯台，你将来做了大官可不能忘了我啊，可得封我个官啊！"小官俊笑着说，"就封你个'灯台伴读'吧！"小鬼一听，十分高兴，等到小官俊解完手后，趴在地上叩头谢恩。陈官俊少年登科，二十六岁就中了进士。入仕不久，就入值上书房，又升任洗马，教授道光皇帝的长子奕纬读书，道光皇帝很喜欢奕纬，爱屋及乌，对陈官俊也很尊重。后来奕纬二十多岁就死了，皇帝一直非常怀念，因此对陈官俊更是高看一眼，恩礼有加。道光十九年的时候，时任工部尚书的陈官俊在与友人闲谈中泄露了机密，皇帝追查，他又巧辩掩饰，皇帝责斥他有失大臣体统，将他撤职。二年后，皇帝又想起了陈官俊，起用为通政使。从此官运亨通，一路升迁，先后担任户部侍郎、吏部侍郎，管理三库，后来又擢任礼部尚书、工部尚书，道光二十四年，任吏部尚书协办大学士。数次主持乡试、会试。皇帝亲自主持的殿试，他也参与评价试卷，还担任了上书房的总师傅，陈官俊成为炙手可热的权臣。

陈官俊喜欢广交朋友，又是个美食家。他对家乡菜十分喜爱，特地从家乡带去了厨师和崔家香油，虽是家宴，厨艺极精。他身居要职，前来拜访他的朝臣和地方官成群结队，络绎不绝，他经常在府中设宴招待客人，酒足饭饱之后，客人每每称赞陈府菜馔别有风味，后来得知，是用了家乡特产崔家香油来调味，崔家香油品质独特在京城不胫而走。许多官员以到陈府吃到崔家香油为荣。有些官吏对陈官俊颇有微辞，便写诗讽刺他：

两朝眷顾气不衰，半朝文武望北海；

耳东府前冠盖流，半为香油上天阶。

这诗是讽刺时政的，说的是许多人走陈官俊的门子，谋求升官，可是两代皇帝仍然宠爱有加。

这时候，陈官俊的夫人去世了。前来吊唁、送挽幛的达官贵人很多，他有个学生叫童福承，本来是翰林院编修，陈官俊安排他入值上书房，教授皇子读书。那可是朝臣中人人羡慕的差事，将来皇子嗣位，童福承就成了帝王之师。童福承感激涕零，带着皇子出出进进尚书房，鞍前马后，对陈官俊毕恭毕敬。有的大臣说，童翰林是吃香油最多的人！通过这条渠道，崔家香油也进了皇宫，皇帝、皇后一吃，自然是无不赞誉。俗话说树大招风，许多朝臣开始妒嫉陈官俊的权位。本来老师提拔了学生，朝廷上下早有些议论，加上这童福承又有些品行不端，有些人就抓住这事想扳倒陈官俊。正巧机会来了，陈夫人去世，童福承作了篇祭文，感念陈氏恩遇，有一句话是："丧我师母，如丧我妣。"就是说陈师母死了，和我娘死了一样悲痛！这话说得过头了，而且在那时候，是违背礼制的。陈官俊的政敌们抓住了把柄，说童翰林是为了巴结有权有势的陈官俊才出此语。有个给事中叫陈坛，上书参了陈童二人一本。结果，童福承被罢官，赶出了皇宫；陈官俊因为容忍了童的过头话，并且隐瞒不奏，撤销总师傅，降三级留任。

陈官俊受处分后，闷闷不乐。有一天请了一位高人来府中相面。未及陈官俊开言，那人对着陈官俊端详了一会儿，说道："大人不久之前偶有失足，却未跌倒。您老小时候曾经遇鬼，日前失足，正是那个小鬼所为！"陈官俊一拍脑门，猛然想起，这童福承就是那个小鬼转生？

崔家香油的名声在北京城里与日俱隆。

❶

❷

❸

中华老字号

与崔字小磨香油相关的民间故事

崔升扬卖油

20世纪六七十年代，潍县城里城外的人大多都认识卖香油的崔老头。四方脸，厚嘴唇，慈眉善目，那一捋白胡子，更让人觉得和蔼可亲。有个乡下人盼他去串乡，到了该打香油的时候，爷爷打发小孙子上大街去，“看看你崔爷爷来了么？”小孩子到了大街上，看见一个卖香油的，走近一看，不是崔爷爷，便朝家里喊，“爷爷，这个卖香油的不是崔爷爷！”卖香油的一听，气了，“你崔爷爷死了，你就不吃香油了？”小孩子扭头回敬一句：“你死了！崔爷爷不死！”城里人盼他去卖油，十来天不见，怪想的，老主顾见面，“不买香油，跟你说句话也中！”有一次，崔老头在某村卖油，天突然落起雨来，村里人都来给他送伞，同时拿来三把雨伞。

贴对联　立大志

崔老头名叫崔升扬，崔家庄人，小时候命运很苦。3岁丧母，6岁丧父，他和13岁的哥哥成了孤儿，奶奶艰难地抚养着小兄弟俩。7岁那年，舅父领他抚养，哥哥就在本村当长工。小升扬跟着舅父长到十三四岁，耕耩锄割、扬场上垛，赶马车、喂牲口样样都会，成为庄稼地里的好把式。这时候，他又回到崔家庄，兄弟俩学会了做香油，开起了香油作坊。

升扬兄弟俩为人诚实、能干，可就是一天书没念，连自己的名字也不会写，有一年除夕下午，兄弟俩在大门口贴对联。对联是从集上买来的，上面写着：

天泰地泰三阳泰

人和家和万事和

兄弟俩刚把上联贴上，一个人从门前走过。他欺负兄弟俩不识一字，便说：“你把对联贴倒了！那像羊角一样的‘叉把’应该朝着天才对啊！”兄弟俩信以为真，赶紧揭下来，倒过来贴在门框上。对联贴完后，又有人走过，一看上联倒着，下联正着，赶紧喊他俩再倒过来，这时候正是数九寒天，滴水成冰，对联已经揭不下来了。兄弟俩怕人笑话，想把对联一点一点刮下来，可是门板坑坑洼洼，刮得斑斑驳驳，大年初一拜年的出出进进，这事在全村传为笑谈。

从这时起，兄弟俩下定决心，不管吃多大苦，一定要创业起家过好日子，让下一辈的孩子念上书，再也不能当“睁眼瞎”。他家出的香油比别人精，卖油的秤头比别人高，看利比别人家薄，很快他家的香油在崔家庄就崭露头角，日子也一天一天地好起来了。兄弟俩先后成了家，又在一块做了好几年香油，买了一头驴，置下二亩地，这才分了家。分家后，各人又干起一处香油作坊。

①陈官俊画像
②陈官俊大墓（残迹）
③陈官俊的印鉴
④崔升扬夫妇合影
⑤做香油的专用清水古井
⑥崔家村民居建筑构件

中华老字号

与崔字小磨香油相关的民间故事

硝烟中的买卖

崔升扬是做香油的高手，又是胆大心细的能人，别人不去的地方他敢去，别人不敢做的生意他敢做，而且从未失手。日伪时期，日本商人来到崔家庄，带着豆饼和日本化肥来换香油。村里人怕得很，崔升扬却不怕。他心里想，小日本鬼子，你送到我家门上来，我得让你破破血本！表面上，他不卑不亢，有礼有节，可是一谈兑换价格，崔升扬却抬高了一大截子。日本人不愿意就范，他据理力争，把芝麻来自哪里，制作如何费劲，香油如何珍贵说了一通，面对寸步不让的这个乡下油匠，精于算计的日本商人无计可施了，只好接受了崔升扬的换货价码。全村香油户换到了相当可观的化肥、豆饼，家家暗自高兴。这回狠狠宰了一下日本鬼子，给咱中国人出了一口气。崔家庄的香油也就运到了青岛，又远涉大洋，销到了日本。

有一年，鲁南抗日根据地的地下交通员秘密来到崔家庄，找到崔升扬，想买一批香油为伤员疗伤。崔升扬一听，二话不说，行！可是，从潍县到鲁南，数百里的路程，日寇、汉奸层层设卡封锁，极难通过，如果被他们查出，就会有生命危险。崔升扬一拍胸脯说，前线将士打鬼子流血，老崔家也是堂堂中国人，冒点风险也值得！他暗暗约上几个要好的乡亲，化装成山果贩子，背着筐篓去了临沂，上面是核桃、栗子，下面却是一瓶瓶香油。他们昼伏夜行，翻山越岭，冲破一道道封锁线，把香油送到了临沂。崔升扬冒险送香油的义举，受到陈毅、粟裕将军的高度赞扬。

①渤海纵队鲁中部队于1948年4月2日首先向围城运动包围敌人
②山东兵团沿胶济铁路向潍县进军
③潍县团英模单位合影
④9纵某部指战员架云梯，登上潍县西城城墙
⑤崔家村风貌
⑥传统技艺现场

一言九鼎的崔老头

和崔升扬打过交道的人都知道，他与人交往极其和蔼，处事随和，但是一到了买卖上，却是吐口唾沫是个钉，谁也犟不过他。他做香油有自己的规矩：买不到好芝麻就不做香油，宁可闲着不挣钱，也不做质量不好的香油；做香油的水不干净，不做香油；盛香油的器具不干净，不给他打油。有人说，崔老头，是打油我吃，又不是你吃，你尽管打油就是了。崔升扬却说，你的瓶子不干净，装上我的香油，香油变了味，岂不败坏了我崔家香油的名声。不行！别人求他帮忙，借钱借粮都行，就是不能代卖香油。崔升扬从小到老，把自己的香油牌子看得比金子还贵重。

有一年冬天，雨打底子下雪，路上尽是雪水，他按约好的买卖给潍坊市里一家饭店送香油。当时他已年近七十，推着自行车一步一步地慢慢走着，到了那家饭店，老板见他年纪大了，天又不好，便说，“崔大爷，我把你这香油全买了，你哪里也别去了，就在店里烤火吧！”崔升扬说：“不行，还有一家！”“我多出几个钱就是了！”老板说。“你给一百块钱一斤，我也不卖，跟人家说好了，下刀子也得去！”就这样，只称下十斤香油，又冒着风雪赶路走了，到了下一家饭店，人家见他袄也湿了，靴子也淌透了水，急忙说：“哎呀！老爷子，这种天你咋来了呢？”“我不来，你等着使油咋办？做买卖，就得咋说咋办！”……

1974年，崔升扬已经71岁了。那年清明节前一天，东风刮得昏天黑地，吃过午饭，他推出自行车，要去给于家庄饭店送油，家人劝阻不住，他硬是推着自行车走了。车子已经骑不动了，他就推着一点一点往前挪，家里人不放心，让孙子瑞福去把他追回来。瑞福追上了爷爷，可是爷爷说啥也不回家转。“我往东走，大风能刮到我西边去？”孙子说不过他，急得把气门心拔了，车子没了气，他仍然是三住两歇的往前走，到了下午一点多钟，崔升扬才赶到了饭店。饭店老板十分感激，那时候，厨房里正没了香油，还没过秤，舀一勺子就跑去了厨房。老板让厨房做了几个菜，恳切地留崔升扬吃饭，可是崔升扬坚持要上儿子家去吃饭，人家拗不过他，硬是把菜装在了车篓里，老板感动地说，要是都和崔大爷一样，共产主义早就建成了！……

5

6

崔家庄的善人

在崔家庄，乡亲们都叫崔升扬善人，谁家有个三灾八难，他主动找上门去帮助。春天度春荒，有些人家断了粮，上他家去借，他决不让人家空手而归。他借出的粮食和钱，从不上门追还。

1946年，沾化县有一个芝麻贩子来崔家庄卖芝麻，被当地土匪架了票。崔升扬以前与此人做过合伙买卖，他当时正在外边，立即捎信给妻子张氏，不管出多少钱，一定把人赎出来！张氏赶紧托人赎票，卖了一百斤芝麻，把钱交上，把那个沾化人从村西冢子上领了回来。崔升扬回来后喜出望外，“不用说一百斤芝麻，就是一千斤、一万斤芝麻也得救人啊！”

救命的香油渣子

20世纪60年代初，正是自然灾害严重的时候，粮食严重不足，农村人口吃定粮，只能靠野菜、树叶、树皮、地瓜蔓、萝卜缨来填饱肚子，许多人营养不良，患了水肿病，不少年老体弱者死于饥荒之中。可是崔家庄却与众不同，基本上没有患水肿病的，没有一个人死于饥荒，有些老人说起这段历史，都深有感慨地说，是香油渣子救了俺崔家庄的命啊！

那时候，崔家庄有八个生产队，每个队都有香油坊。作坊给油脂公司加工香油，一天出八作香油，能赚下六百多

中华老字号

与崔字小磨香油相关的民间故事

斤香油渣子，俗称麻菇酱。这种麻菇酱在正常年景都是喂猪喂鸡的，人是不吃的。可是到了这灾荒年，却成了上好的副食品。食堂里把麻菇酱掺上地瓜面，蒸成窝头，崔家庄九百口人，一个人可以领上一斤窝头，香味、甜味、焦糊味都有一点，人们吃起来可带劲了。几十年后化验才知道，麻菇酱中含有多种营养成分！后来，食堂解散了，麻菇酱就分到户下，由各户自己蒸窝头吃，加上崔家庄不少户自己偷偷地做香油，也赚下一些麻菇酱，所以，全村人都能吃饱肚子。邻庄的人看到崔家庄人不挨饿，十分羡慕，有人说，崔家庄人人都是干食堂的，他们拉屎都是黑油油的！这倒是真的。

三年自然灾害过去之后，粮食缓和了，崔家村又用麻菇酱做肥料，种起了黄菸，全村250亩黄菸，年年菸叶长得油亮，烤出来送到黄菸站，比兄弟村的菸要高出一等。靠了黄菸收入，崔家庄人多数都能年底分红，钱虽不多，但在刚及温饱的年代里，大人买裤，小孩置袄，生病长灾就全靠这点钱了。

崔家庄人忘不了麻菇酱的恩惠，有人编了顺口溜，表达这种情感：

麻菇酱，麻菇酱，
先是救人命，
后是截衣裳。
崔香油留下传家宝，
世世代代不能忘！

卖香油卖到书记家

1961年，正是生活困难的时候，村村缺粮，户户忍饥，地瓜蔓、玉米芯、榆树皮、野菜都拿来充饥，粮食紧缺，芝麻更是成了稀罕物。这时候，崔家庄还有一些户在偷偷地做香油，夜里推磨，夜里做油，然后零零星星带着出去卖。一次带个三斤五斤，放进一篮子里，上边盖一块毛巾，碰上人就说去走亲戚的，有的妇女干脆把香油瓶子扎进腰里，外边用袄一裹，到城里的宿舍区去转悠，就像地下工作者接头一样。

崔家庄有一个姓崔的媳妇，大字不识，只会

①②潍坊民俗文艺表演“后门大龙”、“毛驴”（张景伟摄）
③崔字小磨香油加工厂

做香油。这一天，她挎了四斤香油，去了潍县城里的地委宿舍，那里是几排青砖平房，一个大院套着若干小院。这媳妇进去卖油已经好几趟了，门口的传达员也混熟了，他们也就睁只眼闭只眼。再说，地委领导都住在这里，那些部长局长的夫人一个个都挺厉害，这个说崔家的香油好吃，那个说再来时我多买点。传达员要是真把卖香油的挡在外边，他也惹不起那些夫人们啊。所以，这媳妇就大摇大摆进了院里。那时候不敢吆喝，只是敲门推销，还不敢大声说话。这天运气挺好，转了五个门子，卖出二斤香油。这媳妇挺高兴，又敲开了一排房子的开头一家，有个女人正在小院里洗衣服，她见是卖香油的，便扭头朝着屋里喊："老魏啊！来卖香油的了，你老咳嗽，打二两香油给你冲鸡蛋喝吧！""不要！不要！办公室里有，你别买！"屋里传出一个男人的回话。说话间门口帘子一响，出来一个五十来岁的男人，穿着制服褂，梳着大背头，很有些气派。那男人打量了这媳妇一眼，问道："你是哪里的？""俺是潍县。"那男人笑了，"我知道你是潍县，是哪个庄？你是崔家庄吧？"媳妇本能地点点头，但很快又意识到了什么，连说，"不是！不是！俺是外边来的……"那男人也不问了，对她说，"大妹子，你快走吧！要是走慢了，碰上工商税务的，就把你连人带货扣住。我也不要，办公室里有很多香油，快走！快走！"

那媳妇吓了一大跳，赶紧退了出来，急匆匆走过传达室，那门卫便问，这么快就卖完了？那媳妇停下脚步，小声说，"那家有个男干部，他不让卖呢，说工商税务要扣俺的人和油呢！""哪一家？""就是第二排东头第一家。"那媳妇向里指了指。传达员说："那是地委魏坚毅书记家，他是咱昌潍最大的官……"说话间，那家小木门一响，那个男人跟那个女人出来了，低着头一边说话一边走。卖香油的媳妇一见，赶紧藏在了传达室后边。那一男一女走过来了，只听那女的说："买四两香油你怕啥？补身子要紧！你办公室有啥香油，连个油珠也没有！"那男的说："办公室是没香油，可是昨天我刚在大会上作报告，要打击投机倒把，地下加工，城西崔家庄是个重点呢！……"

那媳妇吓得心里突突直跳，真心挎起筐子，一路小跑，回了崔家庄。

非物质文化语境下的
崔字小磨香油
传统技艺

中华老字号

崔字小磨香油传统技艺·社会学背景

一、崔字小磨香油传统技艺社会学背景

崔字小磨香油早在清代就已成为地方名产，以气味纯正不变质而驰名。数百年来已经融入当地民众生活、生产的方方面面，成为人们日常不可或缺的重要日用品。小磨香油是各种动植物油脂中唯一生熟皆可食用的油料，色泽金黄，香味诱人，也是各类食用油中的佼佼者。其主要功能在于食用和药用。民间也有用香油作为照明用油点灯，或作为木车轴、辘轳轴、纺棉花车子轴等的润滑剂使用的。也有作为铁制农具锄镰锨镢的防锈剂使用。尤其作为大漆的调和剂，漆出的家具会更加光滑柔润。另外，现在钓鱼爱好者制作鱼饵也使用香油增加香味，引诱鱼儿上钩。下面从本区域的社会交往、食用、药用等方面分述崔字小磨香油的重要作用。

（一）崔字小磨香油与本区域的社会交往

传说陈官俊、陈介其父子曾带崔家香油进京，作为家乡特产送给皇上，后来，崔家香油就成为贡品，名气显著，并且作为一种档次颇高的礼物，在社会交往中被广泛使用。不过那时的麻油是用生芝麻挤打出来的，是生麻油。

作为馈赠礼物，崔字香油具有著名、易带、实惠、适应群体大的特点，而且价位并不算高，既适用于达官贵人上流社会，也适用于平民百姓。在民国初年，老潍县就流行用崔字香油送礼的做法，拜谢师长、看望老人、酬谢医生、探访朋友，都以崔家香油为礼；生子贺喜、打墙盖屋、婚嫁祝贺、探望病人也多用崔字香油为礼。崔家庄人更是如此，出门带香油，回礼用香油。带香油作为礼物成为当地的一种风俗。建国前后，潍县永乐戏院的东家朱敬怀、大同剧场的老板宁顺来经常请京城的京剧名角来演出，程砚秋、荀慧生、尚小云、尚长春、毛世来、徐翰英、张君秋都来潍县演出数次。两位老板都要买下上好的崔家香油，作为礼物送给这些名家。在田野调查中我们得知，因为潍县的香油特别香，江西南昌在潍坊经商的陈树林先生说：“我在家乡就是一个做香油的，但做出来的香油总比不上潍坊产的好，不知啥原因！”78岁的退休教师刘督宽老先生说：“我小时，崔家卖香油的人经常到我家送香油，我家每次都是要一罐子。崔家人与我们家关系很好，还经常留下吃饭，还可以赊账。每年春节，多要一些，我家武汉的亲戚都喜欢家乡的香油，年底下，派人到武汉去送。”

①尚小云剧照
②京剧表演艺术家荀慧生剧照
③京剧表演艺术家程砚秋剧照
④京剧表演艺术家程砚秋
⑤京剧表演艺术家张君秋
⑥京剧表演艺术家尚小云
⑦京剧表演艺术家毛世来剧照
⑧潍坊凉菜
⑨香油冲鸡蛋

4

5

6

7

（二）崔字小磨香油的食用价值与当地餐饮业食用情况的调查

俗语说，开门七件事，柴米油盐酱醋茶。其中的“油”，就包括食用油中的香油。在《北堂书钞》中的文字引用晋朝《博物志》说：“外国有豆豉法，以苦酒浸豆，暴令极燥，以麻油蒸讫，复暴三过乃止。”这是芝麻油用于饮食的最早记录，由此可见香油登上人们的餐桌，距今已有1600多年了。南北朝时，香油已广泛地被用于餐饮上，到了唐宋年间，香油作为最上等的食用植物油应用得更加广泛。

在过去物质极度匮乏的年代，食用油尤其是更为稀缺的香油，对于普通百姓来说就是奢侈品。但是，香油对于百姓居家生活又是必需的，所以过去穷家富户一般都需要备有香油作为招待客人的贵重调料。经数百年的经验积累，潍坊一带民众总结出香油的常见食用方法有如下诸类：

凉拌菜类：如拌黄瓜、拌杂拌、拌三生、拌辣皮、拌芥茉鸡、炝芹菜、炝藕片等，加入香油更加可口且增加营养。汤菜类：如西红柿汤、木须汤、三鲜汤、虾仁汤、鸡蛋汤、和乐汤、卤、馄饨汤、面条汤卤等，加入香油味道更加鲜美。调拌馅类：如包子馅、水饺馅、馄饨馅、火烧馅等，加入香油比加入其他油类更加好吃可口。熟面食类：如蒸油卷、烙油饼等加入香油比加入花生油、豆油格外香醇。熟肉制品类：如香肠、火腿等，加工时适度加入香油更能彰显其同类浓香。

潍县经济的发达，带动了餐饮业的崛起。崔字小磨香油以它独有的魅力，为潍县的餐饮业起到了推波助澜的作用。受齐鲁古文化的影响，潍县一带物华天宝，人杰地灵，历史上高官显贵层出不断。明代有刑部尚书刘应节，户部尚书郭尚友，兵部尚书、宁武关总督张尔忠；清代有吏部尚书、协办大学士陈官俊，闽浙总督刘鸿翱，两广总督张兆栋，漕运总督孙凤翔，江西巡抚陈仟等。这些儒宗名臣来往于京师，为官于华夏，他们把中华民族的灿烂文化融于潍县这块热土之上。潍县在清代及民国期间形成的文化高峰与今天的文化息息相关，并产生着重要影响。饮食文化也在其中，据文献记载，历史上不少潍县厨师赴京津、济南等地拜师学艺，交流技术，将外地的名吃名菜带回了潍县；一些高官卸任后，从外地聘来一些名厨也带动了潍县餐饮业的发展。潍坊的餐饮成为鲁菜中一朵绚丽的奇葩。

8

9

【黄焖甲鱼与香油】

据王云著《经典名菜》一书中介绍："黄焖甲鱼是山东潍坊地区名菜。相传此菜始于清代，那时潍县有一个姓陈的乡绅，为了滋补自己的身体，延年益寿，便取用野生甲鱼和母鸡炖煮成肴食用，其味鲜异常，十分可口。有一日，他邀请潍县知县、大画家郑板桥赴家宴，席上山珍海味，水陆诸货杂陈。郑板桥唯独对黄焖甲鱼最为满意，连连称此菜为上品。后来这菜传到一家饭店，配上了海参、鱼肚、口蘑等，先煨后焖，使其味道更佳，后来发展成潍坊的名菜。"

在田野调查时，有一位89岁的退休老教师名陈先生说："我先祖与郑板桥交好，有一次他俩喝酒，喝得非常高兴，酒后郑板桥画意大发，声称要为我家画画，正巧，我家新做了四盏红木六角灯，上面24个灯面尚未装饰，立即拿出，郑大人挥毫泼墨，画上了24幅字画，十分漂亮，家人一代代相传，一直珍藏到解放以后。在上世纪50年代，有一次被文化馆借去公开展览了一次，被外人看见了，'文革'期间贴大字报，说我家收藏着'封资修'。老伴害怕，晚上偷偷烧掉了……"

经调查，与郑板桥喝酒的人正是潍县著名乡绅陈尚志。据邓华著《潍城陈氏世家简介》一书载："陈尚志（1673–1756），字素贞，贡生出身，考授州同，是潍县陈氏中最兴旺的一支。陈尚志是一个好施舍、慷慨大方的人，凡城中大型建筑工程，如修补加固城、修建学宫、修建文昌祠等，多靠他积极倡导士绅们捐钱。所以，当时的两任县令赖光表和郑板桥都非常器重他……"由此可断定，陈姓乡绅非陈尚志莫属。

在采访年逾六十三岁的鲁菜大师董先生时，他道出了真情，他说："黄焖甲鱼为什么好吃？它的关键是用香油爆锅，然后加入鸡汤小火炖制甲鱼。出锅时，再淋上用香油熬制的花椒油，使其香味决然提升，达到了回味无穷的效果。"当年，郑板桥为此专程来到出香油的崔家庄，了解那里的生产情况，看到村中"户户磨转，家家飘香"，郑大人吟出了那首著名的夸香油之诗："十里郊野满城香，举目远眺于水长；神工鬼斧三百载，正宗芳香崔家庄。"

【潍坊凉菜与李鸿章】

潍坊有“凉菜之都”的称号，其中的拌辣皮、芥末鸡、炝芹菜、麻汁杂拌四大凉菜皆是由清代厨师研发而来。据传潍坊凉菜的成型与推广与清朝重臣李鸿章嫁女潍县有关联。

清同治九年（1870）江苏巡抚李鸿章擢升直隶总督兼北洋大臣，开始逐步掌握清廷政治、军事、外交大权。在他的麾下有一个潍县籍的军官叫郭简之，时任兵部武选司兼车马司行走，官衔四品，潍县明代兵部尚书郭尚友嫡孙、清咸丰山西巡抚郭梦龄之子，属于名门之后。郭简之跟随李鸿章转战江淮，骁勇无比，给李鸿章留下了很好的印象。李鸿章深谙山东潍县是文化底蕴深厚的文化古城，当得知郭简之膝下有一子尚未婚配时，即起意将自己的小女儿嫁给郭简之的儿子。

李鸿章直接与郭简之谈开了此事，并说择日即派手下一师爷到潍县替女相亲。郭简之听后大喜，即修家书一封，快马送达，信中叮嘱：“事关重大，盛情款待，达锦上添花！”老爷的家书一传达，里里外外忙成一团。其中如何伺候这位大人，这可难坏了大师傅。他忽然想起了邻居张府的高厨，邻居是两广总督张兆栋的府邸，张兆栋是朝廷的重臣，他身边的厨师见多识广，厨艺高超，且张、郭两家交往甚好。两家的厨师为招待这位师爷，经过了精心斟酌后决定，在传统的潍县凉菜上大做文章。以“摆辣皮”的形式，拼出五颜六色的花盘，寓意“天作之合，锦上添花”；用黄色的芥末鸡寓意承蒙“皇恩浩荡”；用黄褐色的麻汁杂拌寓意高攀“皇亲国戚”；用颜色碧绿的炝芹菜寓意潍邑“山清水秀乡风朴实”。

不久，李鸿章的师爷来到潍县。在视察郭宅后，品尝了潍县的饭菜，他特别被四大凉菜的外形之美与味道之鲜所折服，心想：“潍县真有高人！”回到天津后连连说好，李鸿章听后不但立即成全了这门亲事，还专门把郭氏家厨叫到了天津，为其做四大凉菜，当他亲口品尝了潍县凉菜后，心悦诚服，倍加赞扬。他下令，把京津的厨师召集起来，听潍县来的厨子讲述潍县凉菜的做法，并指令将潍县凉菜的做法融入京菜之中，将花团锦簇的潍县摆辣皮指定为国宴必用菜。从此后，“京菜源于鲁菜”的说法更加广泛。潍坊凉菜的名声亦大振，百年来久传不衰，成为北方菜系中的重要菜品。

5

6

【一品驴肉】

潍县一带乃江北八大驴肉集散地之一。自古道：“上有龙肉，下有驴肉。”

驴肉的味道是一般畜肉达不到的。据传，宰相刘罗锅经常从家乡捎带些驴肉奉献皇上，后来发明了驴肉炒芫荽，皇上吃后大悦，赐名为“一品驴肉”。解放初期，潍坊朝阳楼酒店由郭玉华烹调的“一品驴肉”最为出名。据他的儿子郭东庆介绍：“这个菜关键是香油熟锅，在出锅时，再一边淋上香油，这叫二次入香。”看来，是香油起到了重要的辅助作用。

【春面】

春面，顾名思义为春天的面条。这是老潍坊几百年来流传在民间的历史名吃。春季的三

7

8

①潍坊凉菜——拌拉皮
②潍坊凉菜——蒜泥拌鸡蛋
③黄焖甲鱼
④梭鱼抱蛋
⑤三鲜锅
⑥春面
⑦李鸿章
⑧《博物志》

月，寒风虽然料峭，但和谐的阳光普照大地。春面，像是一朵喷薄着激情的报春花，出现在人们的餐桌上。一碗春面吃罢，清新、爽口、开胃的感觉油然而生！春节后身心的疲惫，大鱼大肉的厌烦，被这碗淡淡的春面一概化解。在悠悠的饮食文化长河中，春面，显得格外绚丽多彩！

潍坊春面的做法很具地方特色。这种鸡味、海鲜味、青菜味浑然一体，外加醋蒜佐食的吃法，不仅具有丰富的营养内涵，主要是满足了人们特定时期的一种特定需求。沸沸扬扬，灯红酒绿的节日喧嚣，亲朋好友繁多的聚餐痛饮，大都身心疲惫，胃火上升，节后多么需要调解一下饮食！应运而生的春面，就带来了清新、爽口，给人一种全新的享受。

春面受青睐的主要原因是有去火的功效，在吃前，往碗内淋一勺“生香油”，香油性冷，食后是去胃火之良方。有一位离开家乡多年的老华侨，一回到潍坊，马上就提出先吃春面，春面在香油的作用下，痴醉过多少潍坊人！

（三）崔字小磨香油药用价值及与当地老字号中药铺药用情况的调查

香油既是调料，又具药用价值。经多年临床经验验证，中医认为性凉微寒，味甘。能解热毒、食毒，消肿，生肌，润肠通便。治肠燥便秘、蛔虫、食积腹胀、疮肿、烫烧伤、疮癣、溃疡、皮肤皲裂。香油极易被人体分解、利用和排出。香油并能促进胆固醇代谢，有‘动脉血管内的清道夫”之称。对气管炎、肺气肿、肝肾不足者有较好的防治作用。香油还是食道黏膜的保护剂，如果吞下鸡骨、鱼刺、枣核等异物，喝口香油能帮助异物通过食道，防止和减少锐性损伤。误食强酸、强碱或滚烫食物后立即喝香油是应诊前最简便的急救措施，对患食道癌进食困难的病人，香油润滑食道，有助于病人进食。

香油有去腐生肌的功能，口含香油对牙周炎、口臭、龋齿、地图舌、扁桃体炎、孕期牙龈出血等疾病有一定的治疗作用。

香油可增强声带弹性，对声带疲劳、声音嘶哑及慢性喉炎有良好的治疗作用。演员登台前，喝点香油会使嗓音更加

圆润清亮，使发声省力并延长舞台表演时间。营养专家提醒老年人，芝麻香油对中老年人来说，应该是最好的佐餐味素。首先，香油浓郁的香气，对消化功能已减弱的老年人来说，不仅可增进食欲，更有利于营养成分的吸收。香油本身的消化吸收率也较高，可达98%。香油大量的油脂，还有很好的润肠通便作用，对便秘有一定的预防作用和疗效。其次，香油对软化血管和保持血管弹性均有较好的效果，其丰富的维生素E有利于维持细胞膜的完整和功能正常，也可减少体内脂质的积累。另外，香油中的卵磷脂不仅滋润皮肤，而且可以祛斑，尤其可以祛除老年斑。中老年人久用香油，还可以预防脱发和过早出现白发。对于牙龈出现萎缩的中年人，特别是还有抽烟和嗜酒习惯的人来说，久用香油可保护牙龈和口腔。对于难以戒烟的人，经常喝点香油，可以减轻香烟对牙齿、牙龈、口腔黏膜的直接伤害，改变口中难闻的气味，减少肺部烟斑的形成，部分阻滞尼古丁的吸收，使之黏附在香油层中随痰液咳出体外。经跟踪调查发现，爱喝烈酒的人，喝一点香油同样可以保护口腔、食道、贲门和胃黏膜。

有研究者发现，香油对由四氯化碳引起的急性肝脏障碍和脂肪肝也有良好的治疗作用；能迅速降低饮酒引起的血中酒精浓度和尿中乙醛浓度，对肝脏也可起到保护作用。中医认为香油有润燥、补液、息风、解毒杀虫及消诸疮肿之功效，还具有延缓衰老的保健功能。医生的观点认为，香油为动脉血管的清道夫，香油对软化血管和保持血管弹性均有较好的效果，其丰富的维生素E有利于维持细胞膜的完整和功能正常，也可减少体内脂质的积累。香油中含有40%左右的亚油酸、棕榈酸等不饱和脂肪酸，容易被人体分解吸收和利用，以促进胆固醇的代谢，并有助于消除动脉血管壁上的沉积物。还有利于润肤、祛斑和提高视力。香油含有丰富的不饱和脂肪酸，且有微量维生素A，其功能有祛热、解毒等。最大的好处是其不饱和脂肪酸有降血脂、防治动脉粥样硬化、软化血管之功效，从而可延缓脑动脉、冠状动脉、肾动脉等硬化，这对高血压、冠心病、肾病皆有防治和改善作用，因此最有益于中老年人延缓衰老。另外还有和其他食物配合使用可养阴补血、增加哺乳期产妇乳汁及治疗慢性鼻炎、牛皮癣等功效。

在建国前，崔字香油的第十八代传承人崔升扬等，有到城内的几大中药铺送香油的历史，主要老主顾有王万春堂眼药店、颐和堂药店（孙家药铺）等。

王万春堂老店，始建于清顺治四年（1644），创始人王庆宇，是潍坊老字号中经营时间最长的一家，从开业到1956年公私合营，时间长达312年。据《潍县志稿》卷12载："王氏一族始于朱某，系明神宗猶子，甲申之变，大臣某随侍由北京来潍县，改名曰王庆宇，卖药自给遂家焉。"据《潍城文史资料》第四辑中有这样的记载："该店十三代孙王廷贤先生介绍：他家是明太祖朱元璋的后代，……明朝灭亡后，先祖（药店创始人）埋名改姓为王庆禹，带着家属跟着一名太监逃到了潍县。为了维持生活，依照宫廷医方，配制了杏核眼药，在东门瓮城摆摊为业。后一知府来潍……便与当时县令商妥，为其盖了瓦房……从此正式开起了王万春堂眼药店。""1933年拆除了东门瓮城，建起了朝阳桥和东门城楼上的自鸣钟。西万春堂迁至朝阳桥南旁、南坝崖路东楼房上下四间（见照片），东万春堂也搬到南坝崖路西，上下两间。"《潍坊医药志》、《潍城文史资料》第十七辑上也有相关的记载。在本次田野考察中，我们就此采访了王万春堂的后人，她回忆说，王万春堂的膏药几乎全部用崔字小磨香油配制。凭她的回忆，把王廷贤与她讲的药方罗列如下：

1.治疗咽炎：以香油配药饮之。

2.黄连膏：以香油熬制，专治疮疥。

3.黄水疮膏：以香油熬制，专治黄水疮。

②

③

①田野考察小组成员在崔家庄实地调研

②田野考察小组查阅相关文献

③《潍县乡土志》

中华老字号

崔字小磨香油传统技艺·社会学背景

4.红眼膏：以香油熬制，治红眼病。

5.治寸白虫药：药物加香油炒熟后食之。

6.牛皮癣药：药物与香油熬制，抹于患处。

7.牵正膏：药物加香油熬制，涂于患处，专治吊颧风。

8.辣子膏：药物加香油熬制，专治风湿病。

9.筋骨疼膏：药物加香油熬制。

10.拔毒膏：药物加香油熬制，治疗疮疖。

在经过做工作后，家人拿出了祖传《药典秘笈》的其中一册，内载膏、散、丸、验方、偏方约计213种，本册膏药8种，其中6剂是用香油熬制的。罗列如下：

1.太乙膏：十三味药，加真麻油五斤熬制。

2.化痞膏：十二味药，用香油四斤入锅熬制。

3.紫草膏：八味药，加香油一斤细火熬。

4.黄连膏：六味药，加香油十二两炸枯去渣，入蜂蜡令完成膏。

5.蛤蟆膏：五十四味，加细末药十味，以上著药不许少。使麻油十斤浸三日三宿后熬膏。

6.三妙膏：五十二味，再加十四味，再加十味，香油二百两浸七昼七夜，加桃、柳、槐枝各二十七寸，用慢火熬制。结论，香油的药用是我国传统中医疗法中的重要一环，属于典型。

《药典》印证历史

相关链接：

山东非物质文化遗产研究中心在潍坊调研时，征集到一本由西市场社区陈女士收藏的《药典》。该《药典》是我市一家有三百年历史的老字号药店流传下来的“生存之本”。《药典》以蓝布为皮，线装，有破损，计156页，记载着约213种中医处方，包括膏、散、丹、丸以及验方、偏方等。从书的新旧程度、纸张的颜色上来判断，它存世至少在百年以上。从字体来看，有小楷、有行书，前面写得端正，后面写得较为潦草，为多人所写；从墨迹来看，前面是毛笔所写，在后面掺杂着黑、蓝色的钢笔字。有趣的是，在书的前半部分全是传统中医的名称与疗法，但到了后半部分，处方中出现了西药的成分。有一处方上表明药名为“爱司芝尔”，还特意注明产地是“德国拜耳药厂”，外文字母是“Esmoil”；单位CC是用汉字西西与英文字母C交叉使用的；外文字母是用毛笔写，那一定是歪歪扭扭，显然是处于“学步”阶段。由此证明，《药典》在经历了清代“闭关自守”阶段后，鸦片战争爆发，西方文化的侵入，中西医结合的路子早在那时就在基层悄然兴起。这本斑驳陆离的老《药典》，记载着先人们在医学道路上艰苦跋涉的曲折历程。

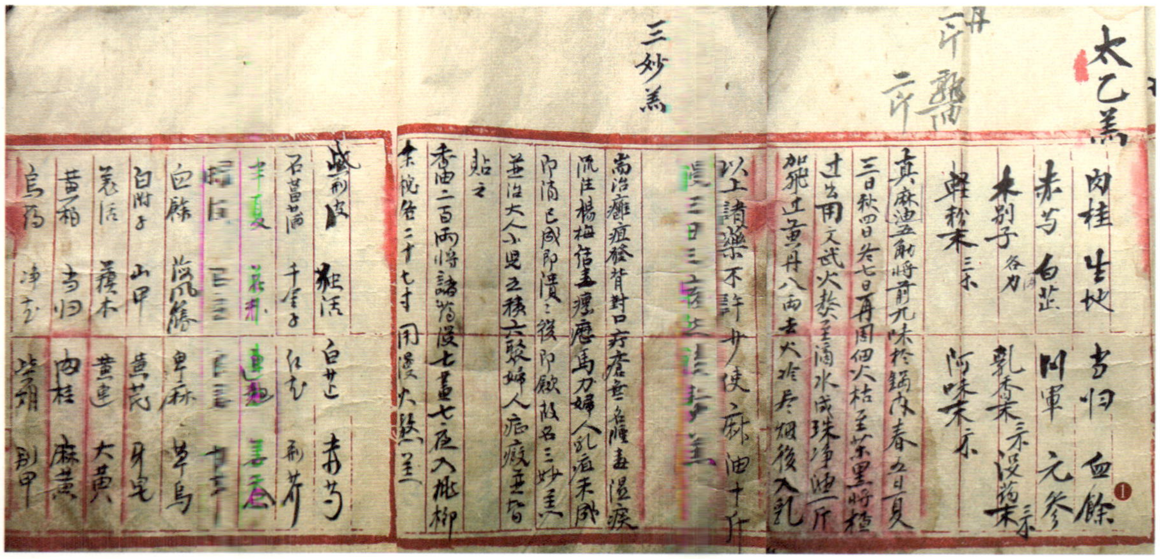

①《药典》
②检验芝麻
③烘炒
④搅油
⑤墩油
⑥瓶装

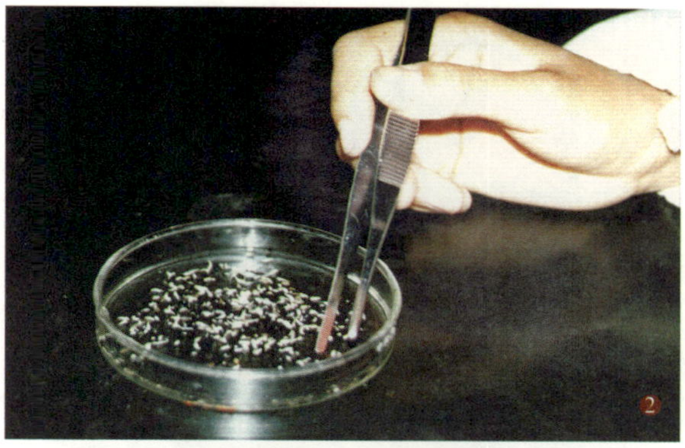

这本《药典》还为香油的药用找到了重要的文字依据。在调查潍坊香油的渊源时，有人提供民国年间崔家庄村民崔升扬长年往城里几家药铺送香油在《药典》的前半部分，详细介绍了膏药的所需原料与制作流程。膏药治病是我国独有的传统中医疗法。香油是其重要的介质与基质。《药典》中介绍的一种蛤蟆膏，用54味中药，加5公斤香油浸泡三日三宿后熬膏。三妙膏用76味中药，加200两香油（合6.25公斤）浸七昼夜后熬制。在记载太乙膏的制作时，在麻油前面特意写上了个“真”字，看来那是就已经有了“假、冒、伪、劣”的产品了。

二、从生产性方式保护层面看崔字小磨香油传统技艺的传承

20世纪中叶以前的数百年中，崔家小磨香油作为一种日常所必需的生活资料，是构成人们的生活方式的物质基础。世世代代的崔氏族人，通过手二技艺的创造，满足着人们日常生活中饮食调味的需求。在那个时代，崔字小磨香油的生产，从地域上看仅囿于崔家庄的范围之内，从技艺传承上看是家族内部多线条的纵向传承。这种生产和技艺传承方式与自然经济的社会环境比较适应。那是小农经济加手工作坊的时代，人类社会开发传统技艺这种资源并使之利润最大化的能力相当弱，市场竞争的层次也比较低，加上人口的流动缓慢，人们对职业的选择过于稳定，所以并不需要刻意地保护，只要崔氏家族的人口再生产继续进行，崔字小磨香油传统技艺的传承就不会中断。

如今进入工业化社会以后，人们的生产方式和生活方式发生了极大的变化，社会的现代化程度越来越高。小磨香油传统手工技艺的保护，不可能采取博物馆式的静态保护，也不可能是远离市场“御用作坊”式的保护，而是必须融入功利性极强的社会生产，在循环不断的商品生产中保护它的传承。换言之，瑞福公司既是崔字小磨香油传统技艺保护的责任单位，又是香油行业普通的市场竞争主体。作为前者，他要把这种传统手工技艺原汁原味地传承下去；作为后者，他需要应对竞争环境和经营形势，依靠知识的不断创新和技术的不断创新，提高效率，降低成本，建立自己的竞争优势。为了履行这种双重责任，瑞福公司对小磨香油采取集约化生产的方式，其技艺传承呈束状传承的状态，企业营销上实施品牌战略，这一做法使传统技艺的生产性方式保护与企业发展达到了有机的结合，收到了成功的效果。特别是随着崔字小磨香油传统技艺被纳入国家和地方的非物质文化遗产保护体系，瑞福公司对传统技艺的保护措施更加有力。除石磨转动、墩油动力、产品罐装等非核心工序改用电力机械以减轻劳动强度以外，其他工序仍然完全采用传统的手工操作，保留和发展了手工技艺的精华，尽可能减少现代工业技

术对手工技艺的“渗透”和“蚕食”，努力维护其完整性、纯粹性和精湛性，这是难能可贵的。他们建立了自己的原料基地，注意保留和收集建国前家庭作坊时代的制油工具和历史资料，建立了传统制油工艺生产示范基地，对区域内小磨香油制作工艺进行抢救性保护，这种保护是主动自觉而卓有成效的。他们没有追求高速度、大批量，而是在创立名牌、保护名牌中保守适度规模，把“崔字”香油传统技艺及与之相关的文化资源视为企业至关重要的无形资产，尽最大努力传承崔字小磨香油传统技艺的文化价值。

三、从传承人层面看崔字小磨香油传统技艺的传承

所谓非物质文化遗产，区别于物质文化遗产的精神内涵，应该首推知识、情感和技能。按照《公约》的主旨，突出实践性，强调知识性，标示精神性，淡化物质性。按照这一要求，非物质文化遗产是真正以人为本的，它的传承必须依赖稳定的人或人群。所以，非物质文化遗产保护的对象，也就是传承此类遗产的人。保护、培养传承人的知识、情感信仰、技能。作为创造、拥有、继承、研究一切非物质文化遗产的传承人，是一切非物质文化遗产传承保护工作的核心内容。所以，在崔字小磨香油传统手工技艺的保护工作中，不能仅仅满足于物态成果的收集与保存，而忽略这些传承人。

目前，崔字小磨香油传统手工技艺的老一辈传承人都已步入老年，在数量上已为数不多。但是，20世纪50年代以前私营作坊的多数技工都已先后进入集体作坊以及后来的工厂、公司工作。瑞福集团对这些文化程度极低但手工技艺精湛的老一代技工给予充分的尊重与保护，在工作安排及生活待遇诸方面给予了较好的照顾。有的被聘请为企业顾问，对青年职工进行传、帮、带活动。錾磨师傅宋建成，已经69岁了。目前是全村技艺最好的錾磨艺人，厂里为他配了四个徒弟，跟他学习錾磨技艺。随着动力的变化，石磨已由过去的直径六七十公分发展到现在的直径一米。从磨坯的选购到石磨的循环修复，全部由宋建成

中华老字号

崔字小磨香油传统技艺·社会学背景

①掌门人崔瑞福带领员工考察芝麻

②潍坊市市委常委、宣传部长刘明阿来公司参观指导工作

③中国粮油学会油脂分会副会长李志伟与掌门人崔瑞福

④2005年，潍城区委书记王秀河到公司参观指导工作

⑤传承人崔信山参加中华崔氏宗亲联谊会

⑥中共潍城区委张润国书记为崔信山赠党员慰问金

主管，整个錾磨过程全部保持了传统的手工操作。

崔字小磨香油传统手工技艺保护单位——瑞福公司，把对现任员工的培养作为传统手工技艺传承的重要一环，力求通过培养新一代合格的技艺传承人，将传统手工技艺发扬光大。公司已经打破了过去只有在崔氏后裔中授艺的局限，面向社会，制定了一套完整的吸引人才、鼓励人才的考核机制，实现奖优罚劣，优胜劣汰，并定期对员工进行培训，对重点岗位人员进行定向培训。以现代企业管理知识为重点，着力提高管理干部素质；以技术骨干为重点，着力提高技术素质。公司董事长崔瑞福把培养人才和使用人才视为公司发展的第一要务，为职工提高良好的环境条件，让每个人都能发挥所长，尽量避免人才浪费。瑞福公司严格要求员工养成务实、勤奋、用心、进取的工作理念，努力形成一个人尽其才、各司其职、各显其能、全力配合的完美团队。

1

2

3

中华老字号

崔字小磨香油传统技艺·社会学背景

①掌门人崔瑞福与中国粮油学会常务副理事长、油脂分会会长王瑞元

②掌门人崔瑞福在山东省输出商品展示商谈会

③崔字香油大型文艺晚会

④潍坊市政协副主席杨卫东（右八）、市政府副秘书长、办公室主任李静波（右七）、中共潍城区委书记张润国（左八）、潍城区长赵伟宏（右六）、潍城人大常委会党组书记、第一副主任王永峰（左七）、潍城区政协主席张金良（右五）出席崔家村旧村改造开盘

⑤掌门人崔瑞福与龙大集团总裁宫学斌

⑥掌门人崔瑞福与国际谷物科技协会秘书长Dr. Roland Poms在一起

⑦传承人崔信山参加中华崔氏宗亲联谊会

⑧抗震救灾 众志成城

⑨崔宇小磨香油传统技艺生产性方式保护与传承现址

4

5

6

7

8

9

非物质文化遗产档案

中华老字号·崔字小磨香油传统技艺

China Time-honored Brand·Traditional Techniques of Cuizi Brand Small Grinding Sesame Oil

主编/孙冬宁

Editor-in-Chief Sun Dongning

文化藝術出版社

Culture and Art Publishing House

参考文献：

【01】民国《潍县志稿》
【02】《潍县乡土志》
【03】《胶济铁路经济调查报告》1933年
【04】《潍县市志》1994年
【05】《潍城区志》
【06】《潍城区文史资料》
【07】于家干《潍县开埠·黄烟盛极一时》、《庆德楼·潍县餐饮文化大观》等文章
【08】《神工六百载　飘香千万家》《潍坊日报》2005.1.25
【09】《崔氏族谱》
【10】庄卫民《近代山东市场经济的变迁》
【11】杨天宏《口岸开放与社会变革》
【12】张鸣《乡土心路八十年》
【13】《山东省潍坊市国民经济统计资料》
【14】《潍城区商业志》
【15】《潍县旧志资料·经济编》
【16】邓华主编《潍坊旧影》人民美术出版社，2007年版

图片与资料提供

潍坊瑞福油脂调料有限公司
潍城区档案馆
潍坊市非物质文化遗产保护中心
《潍坊人文自然遗产》编辑部
崔信山　于家干　徐家聚　姜林山　刘晋宽　张黎明　车锡罡
陈显荣　陈正宽　谭先民　王存玉　吴伟群　庞立臣　蒋同林
韩志亮　韩同运　陈玉英　孙海燕

图书在版编目(CIP)数据

崔字小磨香油传统技艺/孙冬宁主编.—北京：文化艺术出版社，2009

（非物质文化遗产档案：中华老字号）

ISBN 978-7-5039-4024-8

Ⅰ.崔… Ⅱ.孙… Ⅲ.①香精油：食用油：植物油—油料加工—潍坊市

②饮食—文化—潍坊市 Ⅳ.TS225.3 TS971

中国版本图书馆CIP数据核字(2009)第211515号

非物质文化遗产档案：中华老字号

——崔字小磨香油传统技艺

主　　编：孙冬宁

责任编辑：蔡宛若

装帧设计：藝術國際

孙冬宁、刘磊、崔元园、李成

承　　制：山东非物质文化遗产研究中心“老字号”设计艺术研究所

出版发行：文化藝術出版社

地　　址：北京市朝阳区惠新北里甲1号　100029

网　　址：www.whyscbs.com

电子邮箱：whysbooks@263.net

电　　话：(010)64813345　64813346(总编室)

(010)64813384　64813385(发行部)

经　　销：新华书店

印　　刷：山东星海彩印有限公司

版　　次：2009年12月第1版

2009年12月第1次印刷

开　　本：305×235毫米　1/12

印　　张：13

字　　数：200千字

书　　号：ISBN 978-7-5039-4024-8

定　　价：418.00元

崔字小磨香油传统技艺

第二批山东省非物质文化遗产代表作

序号282　编号8-57

Traditional Techniques of Cuizi Brand Small Grinding Sesame Oil

Of the Second Masterpieces of the Intangible Cultural Heritage in Shandong Province Preface

Project No.282 Serial No.8-57

山东非物质文化遗产研究中心
Shandong Intangible Cultural Heritage Research Center
老字号文化遗产研究专家
http://www.sdich.com

非物质文化遗产档案

中华老字号·传统手工技艺

The Intangible Cultural Heritage File

China Time-honored Brand·Traditional Manual Techniques

首批山东省老字号文化遗产重点课题项目与掌门人

- 周村烧饼传统手工技艺　掌门人　张兆海
- 王村醋传统酿造技艺　掌门人　侯长胜
- 东阿镇福牌阿胶制作技艺　掌门人　周广森
- 崔字小磨香油传统技艺　掌门人　崔瑞福
- 潍坊红木嵌银漆器传统手工技艺　掌门人　陈连志
- 景芝酒传统酿造技艺　掌门人　刘全平
- 德州扒鸡传统制作技艺　掌门人　焦林杰
- 古贝春酒传统酿造技艺　掌门人　周晓峰
- 玉堂酱菜传统制作技艺　掌门人　何景春
- 石蛤蟆水饺传统手工技艺　掌门人　孙即亮